Du même auteur

— *L'autorité de la chose jugée au tribunal maritime commercial,* La Pensée Universitaire, 1964.

— *La responsabilité personnelle du capitaine de navire,* Librairies Techniques, 1966.

— *Le particularisme du Droit maritime relatif à la prévention et à la répression de la fraude douanière,* Ed. Cujas, 1966.

— *Le marché commun de la pêche maritime,* Librairies Techniques, 1971.

collection projections

Robert Garron

LE MANIFESTE DE LA CLASSE MOYENNE

ECONOMICA
49, rue Héricart, 75015 Paris
1984

ISBN 2-7178-0774-8

INTRODUCTION

L'avenir·compromis

L'avenir de la classe moyenne française parait aujourd'hui compromis. Depuis la fin de 1982, une double menace pèse, en effet, sur cette catégorie sociale.

A — La première menace est d'ordre économique. La classe moyenne tend à devenir inévitablement la principale victime de la rigueur ou de l'austérité. Cela s'explique aisément : les salaires, les revenus et les biens de ceux qui la composent, représentent, pour le gouvernement, l'ultime réserve de fonds dans laquelle il a encore la possibilité de puiser.

En effet, la politique conduite à l'égard des entreprises, durant la première année du « changement », a eu pour résultat immédiat[1] de les affaiblir. Elles ont dû subir toutes les charges des nombreuses mesures sociales prises en faveur des « travailleurs », dans le cadre de la « relance par la consommation ». Elles sont donc présentement exsangues. Il convient maintenant de les renflouer si l'on veut éviter l'irrémédiable destruction de l'appareil productif national. Dès l'automne 1982, lorsque « l'état de grâce » fit place à la rigueur, le gou-

---

1. Cette politique a eu d'autres effets, moins immédiats, mais importants tout de même, notamment le découragement de l'initiative et l'impossibilité de réaliser de nouveaux investissements.

vernement se rendit à l'évidence et la préparation du budget de 1983 fut l'occasion d'une « opération vérité » : les entreprises ne pouvaient plus supporter de telles charges. Le Président de la République lui-même donna le coup d'envoi du réalisme économique en déclarant que l'entreprise devait être désormais considérée comme une priorité « qui commande toutes les autres ».

Dès lors, pour faire face aux dépenses de l'Etat, le pouvoir se retourna nécessairement vers la classe moyenne, ultime réservoir de fonds. Il est manifeste que celle-ci devra prendre à l'avenir le relai des entreprises, pour supporter le poids de nos défaillances économiques. A brève échéance, elle ne peut ainsi que s'appauvrir.

Ces constatations d'ordre économique n'appellent aucune remarque. Elles sont évidentes. Elles s'appuient sur des faits avérés que nul n'ignore et que la presse, dans son ensemble, a maintes fois détaillés[2].

Pour indiscutable qu'elle soit, une telle situation soulève cependant une question fondamentale : les atteintes portées par le gouvernement aux intérêts vitaux de la classe moyenne sont-elles purement conjoncturelles ? En d'autres termes, résultent-elles de la crise et des erreurs commises par le pouvoir ou bien représentent-elles la manifestation d'une politique délibérée tendant au nivellement des catégories sociales ? *La réponse à cette question conditionne l'avenir-même de la classe moyenne. Elle doit constituer notre préoccupation essentielle, tant il est vrai que la menace d'ordre économique se double aujourd'hui d'une menace d'ordre politique.*

B — La seconde menace est, en effet, d'ordre politique. Avant les élections de 1981, cette menace n'était que vaguement programmée. Depuis la fin de 1982, elle se dessine avec une plus grande netteté. Elle vise non seulement au bouleversement du niveau de vie, mais encore de la situation professionnelle et sociale de ceux qui appartiennent à la classe moyenne.

---

2. Dans le présent ouvrage, nous rappellerons les principales mesures qui frappent exclusivement la classe moyenne.

a - En ce qui concerne le niveau de vie de cette catégorie de personnes, la majorité au pouvoir adopte désormais une politique délibérée tendant à le réduire de façon notable. Une partie chaque jour plus importante des membres de la classe moyenne est dénoncée par les militants de la majorité ainsi que par le gouvernement lui-même, comme des « privilégiés » dont il convient d'abaisser les revenus.

Une telle politique était prévisible. Bien avant les élections de 1981, les statuts des partis socialiste et communiste justifiaient quelques appréhensions, pour ne pas dire quelques inquiétudes. D'autant qu'à cet égard, ces statuts présentent une rigoureuse similitude. Tous deux émettent des professions de foi essentiellement marxistes et visent à changer la société libérale en une société collectiviste ainsi qu'à « supprimer » les classes[3]. L'un comme l'autre n'envisagent que l'intérêt des « travailleurs » ou des « ouvriers »[4]. Dès lors, certains membres de la classe moyenne, tels notamment que les petits et moyens entrepreneurs, les exploitants agricoles propriétaires de leur exploitation, ou ceux qui exercent des professions libérales, constituaient *a priori*, avant que ne s'installe le nouveau pouvoir, les cibles désignées des socialistes et des communistes[5].

Les programmes d'action des partis actuellement au pouvoir, n'ont fait, par la suite, que confirmer les tendances de leurs statuts respectifs. En particulier, le « Projet socialiste » de 1980, sur lequel sont directement fondées les 110 propositions du Président Mitterrand, ne permet aucun doute à ce sujet[6]. Ce Projet réaffirme la nécessité de conduire la lutte des classes pour transformer définitivement la société. Il exprime aussi la volonté d'imposer à tous un certain égalitarisme économique qui consiste à niveler les revenus des français, au moyen notam-

---

3. La suppression des classes est prévue expressément dans la « Déclaration de principes » des Statuts du Parti socialiste.
4. Nous procèderons à l'analyse des Statuts de ces deux Partis, compte tenu de la menace qu'ils représentent pour l'avenir de la classe moyenne, dans la deuxième partie de cet ouvrage, chapitre 1
5. Les cadres — notamment les cadres supérieurs — sont aussi menacés par les statuts de ces partis, mais de manière incidente. V. *infra*, chap. 1, 2ᵉpartie. En toutes hypothèses, ceux-ci n'y sont pas considérés comme des « travailleurs ».
6. Le Projet Socialiste de 1980 et les 110 propositions pour la France de M. Mitterand seront aussi analysés, *infra* chapitre 1, 2ᵉ partie.

ment d'une réforme des impôts et des prélèvements sociaux.

Compte tenu de ces statuts et de ces programmes d'action, il apparaît que le niveau de vie des membres de la classe moyenne se trouve effectivement menacé par la poursuite d'une politique délibérée. Depuis la fin de 1982, cette menace se révèle d'ailleurs avec plus d'insistance. Avant cette époque, la politique du nouveau pouvoir visait principalement le « patronat » ou le « grand capital ». La terminologie consacrée opposait ainsi les « riches », les « capitalistes » ou les « bourgeois », aux « travailleurs » ou aux « ouvriers ». Après les difficultés rencontrées par cette politique anti-capitaliste, lorsqu'il fallut ménager les entreprises et trouver d'autres ressources fiscales en se tournant vers la classe moyenne, la terminologie dut changer aussi. Elle se fonde aujourd'hui sur des assises différentes et notamment sur une nouvelle opposition de mots, tant il est vrai que les militants socialo-communistes, peu sensibles à la gestion, attachent une importance considérable à la vertu des mots[7] ; une nouvelle opposition qui s'impose avec force : l'opposition « Egalité-Inégalités ». Depuis janvier 1983, on voit apparaître avec insistance les mots de « justice sociale », « solidarité », « inégalités » et « privilèges ». Ce mois-là, en effet, la « justice sociale » est soudainement devenue la priorité des priorités, selon la volonté du Président de la République lui-même, désireux de justifier le changement de politique de son gouvernement par la poursuite d'un des objectifs figurant à la fois dans le Projet Socialiste et dans les 110 propositions. Et c'est là que réside désormais la véritable menace politique à l'encontre de la classe moyenne. Car cette nouvelle politique et cette nouvelle terminologie officielles visent, sans la nommer, une grande partie, pour ne pas dire l'ensemble de cette catégorie sociale. Par exemple, il apparaît clairement à la lecture des déclarations ministérielles ou partisanes, que les notaires, les pharmaciens, les médecins, les avocats, les commerçants, tous ceux qui exercent des professions indépendantes et même les cadres supérieurs des secteurs public et privé sont des « pri-

---

7. La plupart des principes défendus par le Parti socialiste se fondent, de manière simpliste pour ne pas dire puérile, sur des oppositions de mots vides de sens. Les riches et les pauvres, les gros et les petits, les capitalistes et les travailleurs, l'égalité et les inégalités, la gauche et la droite, les bons et les mauvais...

vilégiés » dont il convient d'abaisser définitivement les revenus, au moyen notamment d'une réforme fiscale.

A la suite de ces constatations[8], il est permis de se poser encore une fois la même question. Cette menace politique réelle et tangible qui pèse sur la classe moyenne revêt-elle un caractère épisodique ou bien définitif ? En d'autres termes, puise-t-elle sa raison d'être dans nos seules difficultés économiques ou bien constitue-t-elle l'amorce d'une politique durable ? En invoquant la « justice sociale », le gouvernement est-il momentanément contraint d'utiliser les idées qui, seules, sont de nature à déterminer sa majorité, ou bien le pouvoir a-t-il véritablement pour projet lointain, ainsi que le laissent présager les statuts et les programmes des partis socialiste et communiste, de « supprimer » les classes, en réduisant petit à petit les avantages qui distinguent les individus en fonction de leurs qualités respectives ? Allons-nous vers « l'égalitarisme » si cher aux militants socialo-communistes ? Nous pensons qu'il est temps d'élucider cette question et qu'il serait dangereux d'ignorer davantage le péril, en se cantonnant dans un attentisme négligent. D'autant que la menace politique qui vise à porter atteinte au niveau de vie de la classe moyenne, présente aujourd'hui une autre physionomie : elle vise aussi au bouleversement de la situation professionnelle et sociale de ceux qui appartiennent à cette catégorie de personnes.

b - La situation professionnelle et sociale constitue l'un des attributs fondamentaux de la classe moyenne. En effet, le niveau de vie ne représente pas, pour les membres de la classe moyenne, le facteur exclusif de leur identité[9]. L'exercice de leurs responsabilités professionnelles ou sociales procède aussi de leur condition spécifique. Leur statut et les pouvoirs qu'ils détiennent de leurs fonctions font partie intégrante de leur personnalité. Pour certains d'entre eux, l'accomplissement de la carrière tend à devenir une véritable raison d'être. Ces considérations prennent une dimension considérable si l'on cons-

---

8. Les éléments principaux de ces constatations seront énoncés dans nos développements, V. *infra*, deuxième partie, chapitre 1.
9. D'autant que, pour certains cadres moyens, le niveau de vie est sensiblement le même que celui des ouvriers. V. *infra*, 1e partie, chap. 1, sect. 1.

tate que la classe moyenne recèle, par hypothèse, tous les cadres et toutes les élites de la nation.

Or, sur ce point essentiel, le gouvernement et les militants des partis de la majorité entendent délibérément amoindrir la situation sociale de cette catégorie de personnes.

Une telle détermination politique était, encore une fois, prévisible. Car les statuts des partis communiste et socialiste justifient, à cet égard, de nouvelles inquiétudes. Pour le parti communiste, il n'y a aucun problème : seule, la « classe ouvrière » — et l'on connait la signification de ces termes — pourrait prétendre à l'exercice du pouvoir[10]. Pour le parti socialiste, il semble aussi que ses statuts contestent, non seulement le « profit », mais encore les « pouvoirs de décision » de ceux qui les possèdent, soit au nom de la « fortune » ou de la « naissance », soit au nom de la « technicité ». Le terme de « technicité » viserait, par conséquent, ceux dont les prérogatives résultent de leurs seules compétences, c'est-à-dire tous les cadres de la nation. D'autre part, ces statuts prévoient aussi la « démocratisation économique et politique de la société », c'est-à-dire l'autogestion par des conseils de « travailleurs », des Services Publics, des entreprises publiques et des entreprises privées. *Dès lors, ce sont les pouvoirs non seulement de tous les cadres, mais encore de tous les petits et moyens patrons du commerce, de l'industrie et de l'agriculture qui se trouvent ainsi menacés*[11].

Le « Projet socialiste » de 1980 et, dans une moindre mesure, les « 110 propositions pour la France » de M. Mitterrand[12] confirment et précisent, sur ce point, les objectifs des statuts de 1972.

Enfin, les déclarations les plus récentes des dirigeants et des militants socialo-communistes ne permettent aucun doute sur leurs intentions. Ils entendent manifestement appliquer leur programme d'autogestion en contestant l'organisation hiérarchique de la société. La réalité de ces intentions s'est d'ailleurs plusieurs fois manifestée dans la présentation de lois ou de projets de loi d'essence anarchiste. Il n'y a pas lieu dans ces généralités introductives, d'en présenter un inventaire exhaustif.

10. Alinéa 8 du Préambule des statuts du Parti Communiste français.
11. Alinéas 5 et 6 de la « Déclaration de principes » des statuts du P.S.
12. Ce projet et ces propositions seront analysés, sur ce point, dans nos développements. V. *infra* 2e partie, chap. 1.

Rappelons cependant la loi sur la réforme hospitalière dans laquelle il est prévu que le médecin-chef sera le subordonné de l'ensemble d'un conseil comprenant notamment les membres du personnel subalterne. Rappelons aussi la loi relative à l'enseignement supérieur qui procède de même dans les Universités, pour les professeurs qui se trouvaient jusqu'à présent au sommet de la hiérarchie : cette loi prévoit que ces établissements seront désormais gérés par des conseils composés en majorité d'étudiants, de personnalités extérieures nommées par le pouvoir et de membres du personnel subalterne, (conseils dans lesquels les enseignants sont, par conséquent, minoritaires). Si l'on considère, en outre, que, d'après la loi, telle qu'elle fut votée, les membres du conseil devaient être élus sur une liste unique et à la proportionnelle, on aperçoit là clairement l'intention du pouvoir de conférer à ces élections un caractère syndico-politique. En fait, il s'agissait d'une sorte de « soviétisation » de l'Université que le conseil constitutionnel a fort justement déclarée contraire à la Constitution.

Ces intentions, ces propositions, ces projets et ces lois soulignent, à l'évidence, la tendance de nos dirigeants actuels. Ceux-ci, formés à « l'école de mai 68 », ne font pas la distinction élémentaire entre la nécessaire démocratisation du pouvoir politique de direction et l'indispensable hiérarchie des services d'administration ou de gestion chargés de l'exécution. Ils ont donc une vision anarchique de l'organisation sociale, dont la mise en œuvre risque de compromettre, avec la situation professionnelle de la classe moyenne, l'avenir-même de notre pays.

En définitive, il apparait que la classe moyenne française est aujourd'hui réellement menacée sur le plan professionnel et social. Cette menace d'ordre politique, qui se double, nous l'avons vu, d'une menace d'ordre économique, compromet l'avenir de cette catégorie de personnes, à tel point qu'il nous faut lucidement envisager la perspective de son déclin.

La perspective du déclin

Le déclin de la classe moyenne intéresse, au premier chef, l'ensemble des individus qui la composent. L'appréhension du problème que pose ce déclin suppose donc une vision globale du contenu de cette catégorie sociale. Il s'agit de savoir, en particulier, quelles sont les personnes qui peuvent être incluses dans cette classe et de répondre à cette question fondamentale : existe-t-il véritablement une classe moyenne unitaire ou simplement un agrégat sans identité de classes moyennes distinctes, tant sur le plan économique que sur le plan socio-professionnel ?

Mais le problème du déclin de la classe moyenne concerne aussi — et surtout — l'intérêt de la nation tout entière. Pour mesurer toute la gravité de ce problème, il convient alors d'envisager principalement l'importance du rôle ou des fonctions politiques, économiques et sociales qu'exercent non seulement l'ensemble des individus qui appartiennent à la classe moyenne, mais encore chacun des éléments catégoriels de celle-ci.

A — L'existence et le contenu de la classe moyenne, constituent, pour les sociologues, des sujets de controverses doctrinales. Il en va ainsi notamment du caractère unitaire ou plural de cette masse d'individus. Les uns considèrent qu'il existe effectivement une classe moyenne dont l'unité se manifeste par la reconnaissance de certains traits communs à toutes les strates qui la composent. Leurs arguments s'appuient, en particulier, sur des considérations relatives au revenu, à la situation professionnelle ainsi qu'au genre de vie. D'autres, au contraire, invoquent les mêmes critères pour nier l'existence même d'une seule classe moyenne et affirmer la diversité de classes moyennes totalement distinctes. Quant au contenu de la classe moyenne ou des classes moyennes, il varie d'un auteur à l'autre selon les conceptions adoptées. Ceux qui ont une vision restrictive des classes moyennes nient la réalité d'un sentiment de communauté ou d'une similitude de façons de vivre entre les groupes qui appartiennent à ces catégories d'individus[13]. Ils ont donc tendance à réduire considérablement le contenu des classes moyennes, par l'exclusion notamment des « classes paysannes »[14]. A l'inverse, ceux qui en ont une vision exten-

---

13. R. Aron, *La lutte des classes*, p. 100.
14. R. Aron, *op. cit.*, p. 101.

sive aperçoivent la communauté réelle qui lie tous les groupes qui composent la classe moyenne, c'est-à-dire les cadres des secteurs public et privé, les petits et moyens commerçants et industriels, les artisans, les membres des professions libérales ainsi que les exploitants agricoles[15].

A la vérité, ces controverses doctrinales nous paraissent aujourd'hui dépassées. Les menaces qui, depuis la fin de 1982, pèsent sur la classe moyenne constituent, en effet, des faits nouveaux qui faussent *a posteriori* le raisonnement utilisé par les sociologues antérieurement à cette époque. Ainsi, tous ceux qui abordaient autrefois le problème de la classe moyenne prévoyaient une large confusion, à l'avenir, entre cette catégorie de personnes et l'actuelle classe ouvrière. Selon ces auteurs. on devait immanquablement assister, à plus ou moins long terme, à un nivellement des conditions sociales par une absorption d'une partie considérable de la classe ouvrière dans les rangs de la classe moyenne[16]. Cette tendance était considérée, par les sociologues, comme irréversible, compte tenu du progrès constant, sur le plan économique et sur le plan social. Certes, ces prévisions doctrinales ne sont pas inexactes, si l'on se situe à l'échelle planétaire. Il est vrai que, dans certains pays industrialisés occidentaux, on assiste effectivement à une croissance régulière du niveau de vie de la classe ouvrière qui, lentement mais surement, se rapproche du niveau de vie de la classe moyenne. Un nivellement lointain tend ainsi à se réaliser dans le progrès, vers le haut. Mais, si l'on se situe dans le contexte nouveau du « socialisme à la française », les prévisions des sociologues sont fondamentalement faussées. *Car on assiste, en France, non seulement à un léger abaissement du niveau de vie des ouvriers, mais à un brutal effondrement du niveau de vie de ceux qui font partie de la classe moyenne.* Un nivellement parait donc tout aussi prévisible, mais il s'agit d'un nivellement dans la régression, voire la décadence, d'un nivellement par le bas. Sera-t-il de nature à précipiter une véritable intégration de la classe moyenne au sein d'une seule classe : la classe

15. Abbé Le Cordier, *Les classes moyennes en marche*, Blond et Gay, 1950, p. 248 et ss.
16. V. notamment P. Laroque, *Les classes sociales*, Que sais-je ?, p. 23 et ss. ; V. aussi P. Bleton, *Les hommes des temps qui viennent*, Les éditions ouvrières, 1956, p. 231.

ouvrière ? C'est une autre question, si l'on est pessimiste, que l'on peut se poser, car, dans le cadre de la politique actuelle, cette évolution semblerait logique : elle constitue le principal objectif statutaire des partis socialiste et communiste français.

Dans ce contexte nouveau, le problème de l'existence et du contenu de la classe moyenne impose une approche totalement différente de celle des sociologues traditionnels : une approche plus politique que scientifique, une approche davantage pratique que théorique. Il faut en effet moins rechercher les critères de cette catégorie de personnes dans la réalité positive d'un revenu, d'une situation professionnelle ou d'un mode de vie que dans la réaction négative d'une opposition, d'un refus ou d'un rejet de la politique actuelle. En d'autres termes, la diversité des comportements et des conditions de ceux qui appartiennent à la classe moyenne doit laisser place aujourd'hui à une nécessaire unité de défense, au nom-même de la survie.

Ces constatations sont de nature à transformer radicalement le raisonnement des sociologues les plus restrictifs, ceux qui jusqu'à présent contestent l'existence d'une classe moyenne unitaire. A cet égard, prenons un exemple particulièrement édifiant. Dans son ouvrage consacré à « la lutte des classes », Raymond Aron pouvait, en 1964, valablement s'étonner que certains auteurs aient intégré, dans la même classe sociale, des personnes foncièrement distinctes. « Il n'est pas établi, écrivait-il, qu'entre l'ingénieur d'une grande entreprise comme Renault et le boucher du coin, il y ait un sentiment de communauté ou une similitude de façon de vivre... Les différences entre ceux que l'on met dans cette catégorie (la classe moyenne) sont telles que nous n'avons aucun droit d'affirmer qu'il y ait communauté réelle entre ces individus ou encore moins de conscience de classe ». Effectivement, en 1964, ce raisonnement paraissait exact. Ce n'est plus le cas en 1984. L'ingénieur comme le boucher sont désormais économiquement et politiquement menacés dans leur niveau de vie comme dans leur condition professionnelle ou sociale ! Car, selon le pouvoir, ce sont des « privilégiés » dont on conteste, au nom de l'égalité, les marges bénéficiaires ou les profits, l'indépendance professionnelle ou les pouvoirs de décision afférents à la technicité. La suspicion dont ils font l'objet et les dispositions fiscales ou parafiscales qui les frappent, l'un comme l'autre, les confondent à présent dans le même intérêt. Il est donc permis de se demander si les mesures excessives, vexatoires ou discriminatoires dont les membres de la classe moyenne sont actuellement victimes, ne vont pas engendrer une véritable « conscience de classe »[17] ; si le péril qui menace tour à tour chacun des groupes socio-professionnels appartenant à cette catégorie d'individus, ne sera pas la source de leur unité. En voulant porter atteinte à l'identité des classes moyennes, le gouvernement n'a-t-il pas fait naître une seule classe moyenne ?

Cette question mérite d'autant plus d'être posée que l'histoire contemporaine en révèle la pertinence. Le précédent de la classe ouvrière est, à ce propos, singulièrement significatif : il constitue, pour la classe moyenne, un exemple plein de promesses. La classe ouvrière, en effet, n'est pas, sur le plan sociologique, plus unitaire que la classe moyenne ; cependant elle demeure, sur le plan politique, une réalité quotidienne. Ainsi, pour reprendre les termes de Raymond Aron, nous dirons qu'il n'y a pas plus de « sentiment de communauté ou de similitude de façon de vivre » entre un ouvrier qualifié de vieille souche française et un manœuvre maghrébin, qu'entre un ingénieur et le boucher du coin. L'ouvrier français, dont les salaires dépassent souvent ceux d'un instituteur, vit en famille, dans un intérieur coquet, aime la bonne chère, possède une automobile et la télévision en couleur et même quelquefois une petite maison de campagne. Quant au manœuvre maghrébin, il appartient à un autre monde. Il demeure, la plupart du temps, dans un taudis, s'enferme dans ses traditions religieuses et culinaires, et mène une existence de privation afin de pouvoir expédier le maximum de devises en Afrique du Nord, là où se situe son véritable établissement familial. Pourtant, malgré leurs différences fondamentales, et parfois malgré les préjugés raciaux qui les séparent, l'ouvrier français comme le manœuvre maghrébin possèdent, l'un et l'autre, la même « conscience de classe ». Ils fréquentent les mêmes syndicats, marchent côte

17. V. R. Aron, *op. cit.*, p. 101. Cet auteur pense que les circonstances pourraient donner une conscience de classe « aux commerçants, professeurs et ingénieurs ». « Pourquoi pas ? — écrit-il — rien n'exclut que ces trois catégories aient des intérêts communs, il suffit pour cela qu'ils aient des intérêts opposés à ceux des autres catégories ».

à côte dans les mêmes manifestations, participent aux mêmes luttes[18]. Cette situation paradoxale s'explique aisément. Depuis le commencement de l'ère industrielle, les intérêts des travailleurs se sont opposés à ceux des capitalistes : de cette opposition, l'union de la classe ouvrière est ainsi née, de la seule nécessité d'améliorer la condition sociale des ouvriers, par une lutte constante contre l'hégémonie patronale. Cette classe sociale s'est donc affirmée par son antagonisme envers une autre classe sociale qui voulait la réduire ou l'asservir. Elle se détermine, par conséquent, par une approche essentiellement politique de sa condition, sans faire appel aux critères sociologiques du niveau ou du mode de vie.

N'est-il pas possible, aujourd'hui, d'extrapoler à partir de ces constatations historiques ? Les mêmes causes engendrant les mêmes effets, il est à prévoir que la classe moyenne aura les mêmes réactions que la classe ouvrière en face d'une menace équivalente. Cela parait souhaitable, car le déclin de la classe moyenne intéresse la nation tout entière, étant donné l'importance de son rôle politique, économique et social.

B — Le rôle joué par la classe moyenne est essentiel pour la nation. Il n'est pas exagéré d'affirmer que, si cette catégorie sociale perdait, à l'avenir, les caractéristiques et les conditions qui déterminent son identité, la France elle-même connaîtrait, tant sur les plans administratif et scientifique, que sur le plan économique, un déclin sans précédent. Quant au plan social, on peut même prévoir que la France ne serait jamais plus ce qu'elle est aujourd'hui, qu'elle irait jusqu'à perdre aussi sa propre identité, celle qu'elle a profondément acquise depuis la Révolution de 1789 et qui justifie son rayonnement international. Telles seraient les conséquences du déclin de la classe moyenne, en tant que catégorie sociale spécifique.

a - Sur les plans administratif et scientifique, l'importance du rôle joué par les membres de la classe moyenne est évidente. Par hypothèse, cette catégorie de personnes inclut, en effet, tous

18. Le comportement des militants socialo-communistes, lors des dernières élections municipales de Dreux, illustre, à l'évidence, nos affirmations. La foule des manifestants déçu par les résultats du vote scandait, à ce propos, un slogan significatif : « Ouvriers, immigrés, même combat ! ».

les cadres, tous les techniciens et toutes les élites de la nation, c'est-à-dire notamment les hauts fonctionnaires, administrateurs ou économistes, les cadres des secteurs public et privé, les professeurs, les spécialistes, les savants, les « Prix Nobel » de la France. Il paraît donc particulièrement risqué, pour la bonne marche de notre société, de remettre en cause, économiquement et professionnellement, le statut de ceux qui détiennent de si lourdes responsabilités. Il va de soi qu'une telle mesure produirait immanquablement de néfastes effets :

— La première conséquence résiderait dans la perte immédiate de toute motivation professionnelle. Nos cadres et nos élites, quelles que soient leurs qualités, n'en sont pas moins des hommes et l'intérêt que présente pour eux leur statut, leur prestige ou le déroulement de leur carrière, constitue le moteur essentiel de leur dynamisme et de leur loyauté. L'exemple des démocraties populaires de type communiste en représente un témoignage permanent. Alors que ces Etats — et notamment l'U.R.S.S. — possèdent des écoles et des Universités qui forment des cadres aussi valables que ceux des démocraties occidentales, on assiste à un laisser-aller déplorable dans le fonctionnement de leur société. Les menaces, les expulsions et les « purges » constantes, proférées ou pratiquées par le Parti au pouvoir, n'ont pas eu raison de cette carence. Ainsi, l'échec de la politique agricole de l'U.R.S.S. ne résulte pas des conditions climatiques mais de la négligence de ceux qui sont chargés de la conduire (de l'aveu fréquemment renouvelé de l'Etat soviétique lui-même). Le communisme, en fondant l'organisation et le fonctionnement de la société sur des critères essentiellement théoriques et doctrinaux, délibérément ignorants des réalités humaines, conduit nécessairement à ce résultat. *Il est à prévoir, à partir de cet exemple que les atteintes portées par le gouvernement socialo-communiste français aux intérêts de ses cadres et de ses élites, si elles parviennent à dépasser le seuil de leur tolérance, auront les mêmes effets : ceux d'un déclin de l'organisation et du fonctionnement de la société.*

— La deuxième conséquence, tout aussi prévisible que la première, concernera les élites ayant une notoriété internationale ou les techniciens susceptibles d'être utilisés par une nation étrangère. Il s'agit de ce que l'on nomme « la fuite des cerveaux ». Les Etats communistes il est vrai ont réussi à prévenir une telle fuite en interdisant aux citoyens toutes communications et tous voyages internationaux. Il n'en va pas de même pour les pays libres. parmi lesquels il convient toujours de ranger le notre. En conséquence, nos élites et nos techniciens seront plus sensibles qu'aujourd'hui aux sollicitatioins étrangères, notamment aux sollicitations américaines. A l'heure où la grandeur et la prospérité d'une nation se mesure au poids de ses découvertes et au raffinement de sa haute technologie — le Japon en constitue l'exemple le plus édifiant — la France risque de perdre les meilleurs de ses cerveaux si elle ne conserve pas à ses élites un statut digne de leur valeur et de leurs capacités.

En définitive, il apparaît que les conséquences de la tendance politique actuelle peuvent être particulièrement néfastes sur les plans administratif et scientifique. Il est à prévoir qu'elles seront encore plus lourdes pour notre économie nationale.

b - Sur le plan économique, le rôle joué par la classe moyenne est fondamental. On s'étonne d'ailleurs que ce rôle n'ait jamais été suffisamment mis en évidence par les auteurs. Pourtant, une simple constatation, au demeurant flagrante, pourrait inciter à la réflexion sur l'importance économique de cette catégorie sociale. Elle consiste à remarquer que l'ampleur de la population et la hauteur du niveau de vie de la classe moyenne constituent les indices les plus sûrs de la prospérité d'un Etat. Seuls, les Etats industrialisés et riches possèdent, en effet, une classe moyenne et, plus celle-ci s'étend et propère, plus l'Etat concerné devient prospère aussi[19]. Les pays arriérés ou en voie de développement se caractérisent toujours par une relative absence de classe moyenne. Il en est de même, avec quelques réserves toutefois, des pays communistes qui sont en fait des pays pauvres, pour ne pas dire sous-développés, bien qu'ils disposent, pour la plupart, d'un potentiel industriel notable. Certes, une telle constatation ne constitue pas, par elle-même, une argumentation. Que la classe moyenne soit l'indice le plus sûr de la prospérité ne signifie pas pour autant qu'elle conditionne cette

---

19. L'inverse est d'ailleurs parfaitement vrai : depuis l'accès au pouvoir de la coalition socialo-communiste, la classe moyenne s'est considérablement appauvrie ; la France aussi.

prospérité ou qu'elle y participe activement. Car elle pourrait n'être effectivement qu'une conséquence, que le produit-même ou l'expression-même de la richesse nationale.

A la vérité, la fonction économique réelle de la classe moyenne ne se limite pas à ce rôle purement indicateur. Si celle-ci possède toujours un haut niveau de vie dans les pays riches, c'est qu'elle constitue le facteur essentiel de leur prospérité. Sa participation à la vie économique est, en effet, déterminante, dans tous les domaines et pour plusieurs raisons :

1) - En premier lieu, nous l'avons vu, l'essor économique d'un Etat industrialisé dépend principalement de la valeur technique et professionnelle de ceux qui appartiennent à la classe moyenne. Nos exportations notamment sont aujourd'hui tributaires de la qualité de nos produits, donc, en grande partie de notre seule capacité technologique.

2) - En second lieu, la classe moyenne joue, en matière d'investissement un rôle primordial. Les petites et moyennes entreprises, les commerçants, les artisans et les membres des professions libérales réalisent des investissements indispensables à l'économie nationale. Il n'est pas exagéré d'affirmer que, sans cette intervention de la classe moyenne, la France subirait un véritable sous-développement économique. On a trop tendance, à considérer que le développement économique provient exclusivement de la grande industrie nationalisée ou privée faisant appel à l'épargne publique. Cela est faux : cette grande industrie ne pourrait pas exister ou se trouverait en difficulté sans un réseau considérable de petites et moyennes entreprises qui en constituent le complément ou le prolongement nécessaire. Ce réseau industriel et commercial participe directement à l'existence de la plupart des grandes entreprises. Il représente la trame-même de nos structures économiques. D'autre part, le réseau d'exploitations industrielles ou commerciales, d'études ou de cabinets professionnels emploie actuellement plusieurs millions de personnes, dont une grande partie appartiennent à la classe ouvrière. Si la fiscalité trop lourde venait remettre en cause les activités des petites et moyennes entreprises, des commerçants ou des professions libérales, nous assisterions, non seulement à un déclin économique certain mais aussi à une

aggravation intolérable du chômage. Enfin, il convient de souligner aussi l'importance de ces agents économiques dans la politique d'aménagement du territoire. L'exposé des motifs de la loi d'orientation du commerce de 1973 — dite « loi Royer » — avait clairement souligné le rôle joué par le petit commerce dans cet aménagement et notamment dans le maintien du peuplement dans les régions où pourrait sévir l'exode rural.

Indépendamment de l'investissement professionnel, la classe moyenne domine largement le marché de l'investissement immobilier. Compte tenu de leurs revenus, les personnes qui appartiennent à cette catégorie sociale désirent toutes accéder à la propriété. Généralement elles contractent des emprunts de longue durée et passent une bonne partie de leur existence à économiser sur leurs salaires les sommes nécessaires aux remboursements périodiques. La classe moyenne, sur ce point, se caractérise singulièrement. Malgré son pouvoir d'achat, ce n'est pas une classe de consommateurs mais d'investisseurs[20]. Il en résulte que l'industrie du bâtiment dépend essentiellement du comportement des membres de la classe moyenne. Il n'est donc pas douteux que l'aggravation des impôts dont ils sont les victimes et les menaces qui pèsent sur la propriété, notamment sur les résidences secondaires, ont déjà produit des effets néfastes sur l'industrie du bâtiment. La crise que rencontre ce secteur est due non seulement à la réalité, mais surtout à l'éventuelle perspective d'un déclin de la classe moyenne. Les jeunes ménages, par exemple, ne sont plus incités à investir pour leur foyer ; les plus âgés hésitent à faire les frais d'une résidence secondaire : les uns et les autres ont désormais la crainte d'apparaître plus tard, après des années d'efforts et d'économie, comme des « riches » ou des « privilégiés ».

3) - En troisième lieu, la classe moyenne occupe le devant de la scène économique en matière d'épargne. Les cadres supérieurs de la fonction publique ou du secteur privé sont, de beaucoup, les meilleurs épargnants. Cela était très net avant l'arrivée du nouveau pouvoir. Depuis lors — et pour des raisons bien évidentes — la tendance à la consommation l'ayant emporté, le gouvernement a du avoir recours, à l'encontre de

20. V. 1e partie, chap. 1, sect. 1.

la classe moyenne, à « l'épargne forcée », qui constitue les pré-misses d'un totalitarisme économique vers lequel nous serons peut-être désormais contraints de nous engager[21].

4) - Enfin, en quatrième lieu, la classe moyenne joue un rôle éminent dans les recettes de l'Etat provenant de la fiscalité ou de la parafiscalité. Cette catégorie de citoyens représente, en effet, avec le patronat, le plus sûr et le plus important gisement fiscal de la nation. Il ne faut pas oublier qu'en France, plus d'un tiers d'individus ne paient pas d'impôts sur le revenu. La classe ouvrière, compte tenu de sa fécondité, ne participe que d'une manière dérisoire au budget national. Le rôle de la classe moyenne est donc, sur ce point, primordial. *Elle constitue actuellement pour le gouvernement l'ultime réservoir de fonds.* Voilà pourquoi un éventuel déclin de la classe moyenne nous plongerait dans de graves difficultés économiques. Dans une telle éventualité, c'est la classe ouvrière qui deviendrait la prin-cipale victime de ce déclin. Il existe en effet un principe infail-lible que semblent ignorer les partis et les syndicats qui repré-sentent la classe ouvrière : *celui de la solidarité économique des classes*[22]. *Si la richesse d'une classe interfère nécessairement sur les autres classes, il en va de même du déclin ou de la pauvreté.* Par exemple, le gouvernement a, durant ces deux dernières années, volontairement appauvri les entreprises : par contre-coup et à cause de cela, la classe moyenne est aujourd'hui dure-ment mise à contribution. Il semble évident que, si cette caté-gorie sociale venait, elle aussi, à s'appauvrir, à la suite d'un excès de fiscalité, la classe ouvrière serait elle-même contrainte d'intervenir plus activement dans la collecte des recettes bud-gétaires... et de s'appauvrir à son tour.

En résumé, il apparaît qu'un éventuel déclin de la classe moyenne aurait des conséquences économiques particulièrement néfastes, non seulement pour la nation tout entière, mais pour chacune des composantes de sa population. Les effets d'un tel

---

21. On a parlé à tort d'un certain regain de l'épargne. En réalité, cela provient d'un double phénomène : d'une part, de la chute des investissements immobiliers ; d'autre part, d'un déplacement de certains capitaux vers d'autres formes d'épar-gne (par exemple, les placements en valeurs mobilières se font aux dépens des caisses d'épargne).
22. Sur la démonstration de ce principe essentiel, v. *infra*, sect. 2, chap. 2, 1e partie.

déclin ne se limiteraient pas au domaine économique ; ils auraient nécessairement de graves répercussions dans le domaine social.

c - *Sur le plan social*, la classe moyenne joue un rôle multiple. C'est elle qui confère à la France sa physionomie spécifique. Elle conserve nos traditions tout en stimulant nos progrès.

1) - La classe moyenne conserve naturellement la tradition, le mode de vie, les croyances et le comportement français. Cela résulte, à l'évidence, de ce qu'elle est. Elle se compose, en grande partie, de français établis dans notre pays depuis des générations. En son sein, la proportion d'immigrés ou de fils d'immigrés est négligeable[23], si on la compare avec la classe ouvrière qui comprend prés d'un quart d'immigrés et une proportion certainement plus importante de descendants d'immigrés. *La classe moyenne recèle en elle-même l'essentiel de l'héritage social et culturel de la France.* Bien que les conditions modernes aient quelque peu transformé la société, on peut s'apercevoir que la plupart de nos traditions sont respectées et que notre culture constitue pour cette catégorie de personnes un élément primordial du patrimoine national.

D'autre part, la classe moyenne, parce qu'elle est composée presque exclusivement de français, se caractérise, sur le plan socio-politique, comme étant un produit-même de l'histoire de la nation. Une partie notable de cette catégorie sociale résulte, en effet, directement du libéralisme qui lui a transmis son identité et qui conditionne son existence. C'est ainsi que les petits et moyens entrepreneurs, les commerçants, les artisans, les exploitants agricoles propriétaires de leur exploitation et les membres des professions libérales sont des produits du libéralisme économique et que leur sort dépend tout entier du maintien de ce libéralisme. Un changement radical de société, d'une société libérale à une société socialiste — ainsi que le préconisent les statuts des partis socialiste et communiste — devrait logiquement aboutir à la disparition de ces professions dont l'exercice est fondé sur la libre entreprise et sur la possession et l'utilisation économique d'un capital privatif. *Voilà pourquoi cette partie importante de la classe moyenne peut être con-*

23. La classe moyenne ne comprend que 2,2 % d'immigrés.

sidérée comme la gardienne du libéralisme économique français, de la tradition française de liberté commerciale née directement de la Révolution de 1789. La condition professionnelle et sociale de la classe moyenne lui interdit toute mutation profonde dans la voie du collectivisme. Cette classe n'existe que par le libéralisme ; l'abandonner serait pour elle, purement et simplement suicidaire. Il est un autre facteur qui milite dans le même sens : La classe moyenne, à l'inverse de la classe ouvrière, n'étant pas cosmopolite, est moins sensible que celle-ci aux tentations de l'internationalisme ou aux influences de doctrines étrangères. Elle représente donc un élément de stabilité politique de nature à mettre la France à l'abri de toute aventure socialiste.

Maintien des traditions, stabilité politique, est-ce à dire pour autant que la classe moyenne est une catégorie sociale conservatrice ? L'affirmer serait inexact. La classe moyenne est aujourd'hui foncièrement progressiste. Il n'y a pas là d'ailleurs contradiction. Le comportement progressiste est non seulement compatible avec le respect des traditions, mais peut être considéré, à certains égards, comme l'expression-même de ce respect. Car, avec la liberté, le progrès constitue aussi l'un des fondements de notre tradition républicaine issue de la Révolution de 1789.

2) - La classe moyenne est, en effet, progressiste. Sur ce point, elle s'oppose radicalement à la bourgeoisie. Il convient de ne pas confondre ces deux catégories sociales. La bourgeoisie rassemble les individus qui possèdent une grande fortune et dont les ascendants possédaient une grande fortune. L'existence-même de l'authentique bourgeoisie repose essentiellement sur les revenus du capital, sur l'intérêt de l'argent. Repliée sur elle-même et conservatrice à l'excès, il s'agit là d'une classe en voie de disparition. Au contraire, la classe moyenne est, en grande partie, issue des catégories les plus modestes de la population. En son sein, même les petits et moyens industriels, les commerçants, les exploitants agricoles ou les membres des professions libérales, dont certains disposent aujourd'hui d'avoirs ou de biens notables, ne sont pas des bourgeois au vrai sens du mot. Ils se sont généralement établis et se maintiennent grâce à leurs efforts, au prix d'un labeur

acharné, en accomplissant un nombre d'heures de travail considérable s'élevant souvent au double de celles qu'effectue un ouvrier. Quant aux autres composantes de la classe moyenne — notamment les cadres des secteurs public et privé — elles se sont hissées à leur niveau social grâce à leur valeur intellectuelle et leur conscience professionnelle dans le travail. Parmi eux, se situent les élites de la nation. Il faut, par conséquent, éviter la confusion classique entre classe moyenne et ce que l'on nomme péjorativement « français moyen ». Nos élites, nos Prix Nobel, ne sont pas des « français moyens ».

Ni bourgeois, ni français moyens, les membres de la classe moyenne ont, dans leur majorité, été formés dans nos Universités ou nos grandes Ecoles. Ils sont, par conséquent, ouverts sur la société. D'origine souvent modeste, instruits des problèmes du temps, ils sont naturellement progressistes, soucieux d'une évolution sociale vers un mieux être de tous ceux qui travaillent.

Ces considérations sociologiques ne sont pas simplement théoriques. Elles ont été corroborées par les faits. Ainsi des enquêtes sérieuses ont révélé que plus de 60 % des cadres avaient, dans la perspective d'un progrès social, voté pour le candidat Mitterand, compte tenu des promesses électorales de celui-ci[24]. De même, on constate une pénétration notable des membres de la classe moyenne au sein des partis politiques et des syndicats qui se réclament de la Gauche. La majorité des adhérents du parti socialiste est aujourd'hui faite de professeurs et d'instituteurs, à tel point que ce parti se trouve pratiquement régi par des enseignants. Quant à ceux qui exercent des professions libérales, notamment les avocats dont certains disposent d'une situation matérielle confortable, leurs sympathie pour les tendances progressistes sont évidentes et constamment réaffirmées. Ces exemples sont loin d'être limitatifs. On pourrait en citer bien d'autres, résultant des fréquents et nombreux sondages effectués, à la demande des organes de la presse, par des instituts sérieux et spécialisés.

La classe moyenne joue donc un rôle social essentiel et se

---

24. Parmi ces abondantes promesses, les membres de la classe moyenne en avaient retenues deux : pour mémoire, l'augmentation du niveau de vie et la diminution brutale du chômage qui devait disparaître dans les deux ans.

singularise, dans ce domaine, en étant l'expression-même de la société française à laquelle elle confère toute son originalité. Le caractère fondamental de son rôle s'explique par l'interdépendance de toutes les fonctions éminentes qu'elle exerce sur les plans économique, administratif, scientifique et culturel et qui font de cette catégorie de personnes la véritable « force vive » de la nation[25].

Pourtant, bien que la classe moyenne occupe une place primordiale au sein de notre société, bien que le rôle qu'elle joue dans tous les domaines s'avère indispensable à l'organisation comme au fonctionnement de l'Etat, bien que ce soit elle qui gère, en fait, les affaires de notre pays, on assiste, en réalité, à un effacement regrettable de celle-ci. Jamais, en effet, ceux qui appartiennent à la classe moyenne ne s'expriment au nom de celle-ci. Leur comportement individuel s'inspire, au contraire, des intérêts ou s'oppose aux prétentions des autres catégories sociales, en particulier de la classe ouvrière. En d'autres termes, la classe moyenne n'agit que par référence aux autres classes de la société : *C'est là peut-être que réside la véritable menace à son encontre et que germe la perspective de son déclin. La classe moyenne existe mais elle n'a pas conscience d'elle-même.* Cette constatation implique, l'urgente nécessité de cette prise de conscience.

---

25. Certains considèrent à tort que la classe ouvrière constitue la « force vive » de la nation. En réalité, les fonctions de la classe ouvrière, pour indispensables qu'elles soient, n'en sont pas moins substituables. On peut toujours pallier aux défaillances de cette catégories sociale. Ainsi, depuis plus d'un siècle, la France importe aisément de la main-d'œuvre étrangère qui s'intègre parfaitement, sur le plan professionnel, dans les rangs de nos ouvriers et de nos manœuvres. Avec succès d'ailleurs, puisque les partis qui représentent la classe ouvrière se félicitent tous les jours de l'appui efficace et nécessaire de cette main-d'œuvre étrangère. Au contraire, il n'est pas concevable d'imaginer une telle substitution, en ce qui concerne la classe moyenne. On ne peut importer des centaines de millies de cadres, de professeurs, de techniciens, pour la bonne raison que les Etats qui les ont formés les conservent et les considèrent. La présence et le zèle de nos élites sont donc indispensables. Ceux-ci constituent la principale richesse de la nation, tant il est vrai que le développement d'un Etat se reconnaît à l'ampleur et à la valeur de sa classe moyenne.

Pour une prise de conscience

La classe moyenne n'a pas encore conscience d'elle-même. Cela s'explique aisément. Cette catégorie sociale est née de la prospérité des nations industrialisées ainsi que de la complexité ou de la technicité des sociétés modernes. La réalité de son existence et de son importance n'est, par conséquent, apparue que tardivement, près d'un siècle aprés l'affirmation tumultueuse de l'antagonisme fondamental entre la bourgeoisie capitaliste et la classe ouvrière. La classe moyenne a donc vu le jour dans le cadre de cette division traditionnelle entre le capital et le travail. Dans ce contexte, les membres de cette catégorie de citoyens, surtout lorsque celle-ci n'était qu'embryonnaire, ont dû nécessairement se situer par rapport à ce schéma social. Ceux qui étaient proches de la bourgeoisie avaient naturellement tendance à épouser les vues politiques de leurs parents ou de leurs amis ; ceux qui étaient issus de milieux modestes — de plus en plus nombreux avec la gratuité de l'école laïque et la dévolution de bourses d'études — se confondaient volontiers dans les rangs de la classe ouvrière.

C'est ainsi que nacquirent certains usages ou certaines habitudes qui régissent encore aujourd'hui notre comportement politique. Les membres de la classe moyenne, s'ils ne veulent pas être qualifiés de partisans de la « Droite », doivent nécessairement marquer leur préférence pour la classe ouvrière et militer ou voter pour les intérêts de celle-ci. D'une façon générale, ils sont, dès lors, voués à poursuivre des objectifs qui ne les concernent pas : ceux d'autres classes sociales qui convoitent leurs suffrages, les attirent dans leurs rangs, les utilisent ou les manipulent.

Quoique justifiée par ces considérations historiques, il s'agit là d'une situation paradoxale car — nous l'avons vu — les partis, les syndicats et les représentants élus qui se prévalent de la classe ouvrière, veulent délibérément réduire les conditions matérielles et socio-professionnelles des membres de la classe moyenne. En militant ou en votant pour une autre classe sociale, ces derniers participent ainsi à une véritable entreprise d'auto-destruction.

Cette attitude suicidaire de la classe moyenne procède aussi d'un malaise qu'elle ressent depuis quelques années. Les membres de cette catégorie sociale, ébranlés par la propagande des partis socialiste et communiste, vivent leur condition dans un complexe permanent : le complexe du privilégié. Sans cesse, les militants de ces deux partis présentent le noir tableau d'une classe ouvrière du 19ᵉ siècle : celui d'une masse populaire miséreuse et soumise à l'épreuve d'un travail inhumain. Sans cesse, les syndicats politisés dénoncent les inégalités sociales en invoquant le sort peu enviable des smicards. Les membres de la classe moyenne, qualifiés par contraste de « riches » ou de « privilégiés », ne se sentent donc plus tout à fait à l'aise dans leur peau. Ils ont presque honte de leur condition et certains d'entre eux n'hésitent pas, pour se démarquer, à militer aux côtés des ouvriers et des manœuvres. Quelques uns s'en font même un titre de gloire : Ils participent naïvement à une sorte de croisade politique pour l'instauration d'une prétendue « justice sociale » qui n'est autre, en fait, qu'une justice de classe dont l'application ne peut se concevoir qu'à sens unique. Un tel comportement est irrationnel pour ne pas dire navrant. Il n'est pas logique qu'un instituteur, par exemple, dont le salaire est souvent inférieur à celui d'un ouvrier de l'usine Renault, éprouve de tels complexes et se dépense dans un militantisme actif pour améliorer la condition de ce dernier, alors que sa propre condition de fonctionnaire laisse à désirer et n'est à la juste mesure, ni du rôle fondamental qu'il joue dans la formation de nos enfants, ni de son travail, ni de sa valeur, ni de ses capacités. Il est encore plus anormal que des gens instruits épousent les idées primaires émises au nom de la classe ouvrière et dont le seul but consiste à sensibiliser, par des formules simplistes. des masses d'individus comportant un certain nombre d'analphabètes immigrés. Il est étonnant que des intellectuels, formés dans nos Universités, adoptent avec enthousiasme, comme on l'a vu trop souvent, les conclusions puériles de motions syndicales destinées à des manœuvres.

Ces attitudes fréquentes et renouvelées témoignent du malaise que ressentent les membres de la classe moyenne. Une démarche logique, de leur part — qui ne serait pas exclusive de la recherche raisonnable de la justice sociale — devrait les inciter à se situer avant tout dans le contexte social français, c'est-à-dire à se prévaloir sans complexe de l'existence de leur catégorie sociale, pour parler en son propre nom, émettre ses propres idées et ses propres conceptions politiques. Cela serait souhaitable dans l'intérêt de tous et notamment de la nation, car l'absence de participation de la classe moyenne, en tant que catégorie sociale, constitue la cause essentielle du blocage de notre univers politique qui se cristallise et se retrécit chaque jour davantage dans des préjugés historiques aujourd'hui dépassés. Il conviendrait, par conséquent, que la classe moyenne s'exprime, elle aussi, sur la marche de l'Etat ; qu'elle affirme son importance sociale ainsi que ses prétentions légitimes, enfin qu'elle propose à tous des actions politiques conçues dans son optique et nées de sa propre réflexion.

Pour ce faire, la classe moyenne doit avant tout se connaître, prendre conscience de son ampleur et de son identité, s'enorgueillir de son rôle, s'apprécier dans sa valeur. Tiraillés par les partis politiques, convoités, utilisés, manipulés de la droite à la gauche, ses membres ont le devoir de se ressaisir, en mesurant tout l'*enjeu* qu'ils représentent pour la France et pour les français. Il faut qu'ils évaluent la réalité comme le sens de *la menace* qui pèse désormais sur leurs conditions matérielles, sur leur statut professionnel, sur leur destin social. Ils seront alors en mesure d'en tirer toutes les conséquences et d'engager la lutte politique pour la défense de la classe à laquelle ils appartiennent et à laquelle leur sort est incontestablement lié, une lutte sans complexe et sans équivoque, dans le courage et dans la détermination : l'*espoir* est toujours à ce prix.

PREMIERE PARTIE

L'ENJEU

L'avenir de la classe moyenne constitue un enjeu capital, non seulement pour ceux qui appartiennent à cette catégorie sociale, mais encore, et surtout, pour la France et pour les français.

L'évaluation de cet enjeu procède d'une double considération, selon qu'on envisage l'intérêt exclusif des membres de la classe moyenne ou l'intérêt général de la nation tout entière :

— Dans le premier cas, l'appréhension de cet enjeu résulte de l'importance de la population concernée ;

— Dans le second cas, celui-ci découle directement de l'importance des activités concernées.

CHAPITRE PREMIER

L'IMPORTANCE DE LA POPULATION DE LA CLASSE MOYENNE

L'importance numérique de la classe moyenne a fait l'objet de controverses doctrinales. On le comprend aisément. Pour évaluer la population qui compose cette catégorie de personnes, il est nécessaire de savoir préalablement ce que représente une classe sociale et quels sont les critères distinctifs qui permettent d'y rattacher certains individus plutôt que certains autres. Sur ces points, les avis diffèrent. Les définitions sont, certes, assez voisines, mais les divergences font l'objet d'âpres débats.

Il n'est pas question d'entrer dans les détails de ces controverses : cet ouvrage ne poursuit pas un but scientifique de recherche ou de compilation ; il est essentiellement conçu pour que la classe moyenne prenne conscience d'elle-même et conduise les actions commandées par sa sauvegarde et son rayonnement.

La nécessité de cette prise de conscience suppose cependant un minimum de connaissance ; on ne peut véritablement s'identifier qu'en vertu de certains traits ou se situer qu'en considération de certaines références. Aussi devrons-nous dégager sommairement les critères fondamentaux de l'appartenance aux diverses catégories sociales, à partir des conclusions synthétiques des sociologues, en rappelant au lecteur la relative approximation de ces conclusions. En matière de sciences sociales, rien ne peut être absolu, les contours d'un phénomène sont imprécis et son existence-même ne s'affirme jamais avec certitude mais seulement avec un pourcentage plus ou moins élevé de certitude.

Malgré les prudentes réserves qu'impose le caractère imprécis des sciences sociales, il apparaît clairement, à la lecture de diverses études sociologiques, que la classe moyenne est une réalité dont l'importance numérique est considérable.

Section première : la réalité de la classe moyenne

Les sociologues sont unanimes à reconnaître qu'il existe une classe moyenne ou, du moins, des classes moyennes. Entre la classe dite « supérieure » ou « bourgeoise », constituée par les capitalistes et les propriétaires de moyens importants de production, d'une part, et la classe ouvrière, d'autre part, les auteurs affirment la réalité d'une catégorie ou de plusieurs catégories d'individus qui ne sont manifestement ni des bourgeois ni des ouvriers. Certains de ces auteurs n'aperçoivent qu'une seule et même classe moyenne ; d'autres reconnaissent l'existence de plusieurs classes moyennes et d'une ou de plusieurs classes paysannes.

Peu importent les querelles de classification ou de terminologie. Ce qu'il y a de fondamental dans les conclusions des sociologues, c'est qu'elles révèlent que des millions de personnes, dont le rôle social s'avère essentiel pour la nation, n'appartiennent, à l'évidence, ni à la bourgeoisie, ni à la classe ouvrière.

Pour étayer leurs conclusions, les sociologues s'appuient sur des critères communément agréés, qui leur permettent de distinguer et de classer les diverses catégories sociales : l'activité professionnelle, le revenu qui en découle le plus souvent, ainsi que le genre ou le style de vie.

§ 1. Le critère de l'activité professionnelle

L'activité professionnelle nous paraît constituer aujourd'hui le critère dominant de la distinction des classes. C'est ce critère, en effet, qui fait le plus nettement apparaître les oppositions entre la classe moyenne et chacune des deux autres classes traditionnelles.

A — L'opposition entre la bourgeoisie et la classe moyenne

La bourgeoisie se singularise, sur le plan professionnel, par le fait que ses revenus résultent principalement de la plus-value du capital. Qu'il ait acquis son capital par héritage ou qu'il ait fait fortune lui-même, le bourgeois le gère de plusieurs façons, soit en dirigeant son exploitation personnellement ou sous forme de société, soit en le plaçant de diverses manières. Dans les deux cas, l'essentiel de ses revenus provient du capital. Même s'il gère lui-même son entreprise, même s'il y consacre toute son énergie, même s'il possède une grande valeur personnelle, il demeure un bourgeois, au sens propre du terme, dès lors que la plus grande partie de ses revenus constitue le fruit de son capital, le produit de son travail ne représentant qu'une faible proportion de ceux-ci.

Sur ce point fondamental, la classe moyenne s'oppose à la bourgoisie. Cela est évident pour les membres de la classe moyenne qui sont des salariés et qui ne tirent aucun revenu du capital[1]. Quant à ceux qui exploitent effectivement un capital, tels que les petits et moyens entrepreneurs, les commerçants, les artisans, les agriculteurs propriétaires fonciers, leurs revenus se singularisent, par rapport aux revenus bourgeois, en ce sens qu'ils résultent davantage de leur travail ou de leurs qualités professionnelles que d'une plus-value capitaliste. Par exemple, il n'y a rien de comparable entre la part de revenu provenant du travail ou de la spéculation d'un petit commerçant et celle qui résulte du capital investi dans son entreprise. Le commerçant, en effet, réalise souvent d'importants bénéfices qui lui assurent un bon niveau de vie, alors que la plus-value de son capital — l'entreprise étant, par hypothèse, modeste — ne

---

1. Il s'agit des cadres des secteurs public et privé ainsi que des employés.

lui rapporterait qu'une infime partie de ses revenus. Cette constatation est, *a fortiori*, valable pour les artisans, les agriculteurs, les petits et moyens entrepreneurs ainsi que les membres
des professions libérales.

En résumé, la classe moyenne se distingue aisément de la
bourgeoisie si l'on se réfère au critère de l'activité professionnelle. Alors que les membres de la classe moyenne obtiennent
l'essentiel de leurs revenus par leurs initiatives dans les affaires, leur travail personnel ou leurs qualités techniques ou commerciales, les bourgeois, au contraire, quels que soient leur travail et leur valeur personnelle, tirent principalement leurs revenus du capital.

B — L'opposition entre la classe ouvrière et la classe moyenne

Sur le plan professionnel, la classe ouvrière se caractérise par
les traits suivants : les ouvriers et les manœuvres effectuent des
travaux manuels qui réclament généralement une faible qualification. C'est la raison pour laquelle, les techniques de la
société moderne étant devenues particulièrement complexes, ils
demeurent dans une condition de nécessaire subordination dans
l'accomplissement de leur tâche. Autrefois, au début de l'ère
industrielle, ils étaient principalement subordonnés à un patron.
Le pouvoir du capital justifiait cette hiérarchie. Aujourd'hui,
dans les grandes entreprises, le patron tend à devenir un être
lointain dont les pouvoirs sont de plus en plus limités par la
loi. D'autre part, dans les entreprises nationalisées, l'Etat-
patron se trouve, en fait, représenté par un cadre supérieur.
Or, malgré l'effacement relatif du patron, les ouvriers continuent à être subordonnés dans leur travail. Ils demeurent nécessairement encadrés, étant donné l'insuffisance de leur qualification, par les techniciens, les ingénieurs, les cadres qui se sont
désormais substitués à la personne du patron dans les rapports
qui participent à l'accomplissement du travail. Quelle que soit
l'évolution sociale, la complexité de la technique ou de l'organisation des moyens de production imposent, tout autant que
par le passé, la subordination des ouvriers.

Le trait fondamental de la condition ouvrière paraît donc

résider dans le défaut ou la faiblesse de la qualification des travailleurs manuels et, par voie de conséquence, dans une nécessaire subordination dans l'accomplissement de leur tâche. Sur ce point, la classe moyenne s'oppose radicalement à la classe ouvrière : la plupart des membres de cette catégorie sociale échappe, par hypothèse, à toute subordination. Il s'agit de tous ceux, fort nombreux, qui exercent une profession indépendante — qui se trouvent d'ailleurs souvent dans une situation d'employeur — c'est-à-dire les exploitants agricoles, les petits et moyens entrepreneurs, les commerçants, les artisans et les membres des professions libérales. Quant aux autres, c'est-à-dire les cadres des secteurs public et privé, ils se distinguent des membres de la classe ouvrière par leur haute qualification professionnelle. Certes, il existe une indispendable hiérarchie qui subordonne la plupart des cadres, soit aux directives générales des chefs d'entreprise ou des ministères, soit aux ordres directs d'autres cadres occupant des postes plus élevés. Cependant, étant donné leur qualification, les cadres exercent toujours des fonctions d'autorité dont certaines leur confèrent une relative indépendance.

La classe ouvrière, par sa constante et nécessaire subordination, se distingue donc foncièrement de la classe moyenne. Le critère de la subordination n'est pas applicable à la classe moyenne : la plupart de ses membres exerce une profession indépendante, les autres des fonctions d'autorité qui ne s'accommodent ni de la permanence, ni de la nécessité de leur subordination.

§ 2. Le critère du revenu

En ce qui concerne le revenu, la distinction entre la classe moyenne et la classe ouvrière tend aujourd'hui à s'atténuer. Il faut bien le reconnaître, le revenu ne constitue plus un critère absolu de distinction. Certes, il n'est pas contestable que ce critère ait encore une signification si l'on oppose les plus hauts revenus de la classe moyenne aux plus bas salaires de la classe ouvrière, si l'on compare, par exemple, ceux d'un avocat célèbre et ceux d'un manœuvre sans aucune qualification.

A la vérité, de telles comparaisons, pour imagées qu'elles soient, n'ont aucune signification sociologique[2]. Il convient de faire appel aux données statistiques qui, seules, peuvent intéresser l'ensemble d'une catégorie sociale.

Or ces données statistiques révèlent un resserrement considérable de l'éventail des revenus moyens en France, depuis cette dernière décennie. Les chiffres publiés jusqu'à ce jour sont antérieurs aux dernières mesures d'austérité prises par le gouvernement socialo-communiste. Il va de soi qu'aujourd'hui, si l'on tient compte de ces mesures, les disparités de revenus moyens entre les catégories socio-professionnelles sont désormais réduites à des proportions minimales. *Elles ont atteint un seuil critique qui constitue l'un des plus bas de tous les pays industrialisés.*

A cet égard, il faut avoir à l'esprit qu'il existe une distinction fondamentale entre la rémunération directe et le revenu disponible, qui tient compte de l'effet des impôts, des charges et des prestations sociales. En corrigeant ainsi les fausses apparences, on a tout de suite un aperçu de la faiblesse des disparités de revenus entre les catégories socio-professionnelles. Par exemple, en 1978, le rapport entre les revenus disponibles moyens des cadres supérieurs — qui représentent les plus hauts revenus des salariés de la classe moyenne — et les revenus disponibles moyens des ouvriers, n'était déjà que de 2,1[3]. Il est évident qu'à l'heure actuelle, après les mesures gouvernementales tendant à réduire le niveau de vie de la classe moyenne, ce rapport se situe bien en deçà de ce chiffre[4]. Une telle différence de revenus n'autorise donc pas les dirigeants et les militants de la majorité gouvernementale à qualifier les cadres supé-

---

2. De telles comparaisons procèdent même d'une certaine malhonnêteté intellectuelle. Elles ne sont invoquées que pour être utilisées politiquement. Elles peuvent d'ailleurs jouer dans les deux sens. Puisqu'il est question d'avocat et de manœuvre, rappelons simplement que la plupart des jeunes avocats ne perçoivent, durant les premières années de leur carrière, qu'un revenu dérisoire, souvent inférieur au SMIC, alors que le travail qu'ils fournissent pour l'obtenir réclame un nombre d'heures s'élevant parfois au double du nombre d'heures fournies par un manœuvre.

3. 2e rapport sur le Revenu des français. C.E.R.C. (Albatros), 4e trimestre 1979, pages 105 et 106. Le tableau ci-dessus révèle qu'en 1980, le rapport des revenus disponibles n'était que de 2,04.

4. 'Selon nos estimations le rapport serait désormais de 1,7 à 1,8.

rieurs de « riches » ou de « privilégiés ». Quant au rapport entre les revenus disponibles par ménage des cadres moyens et ceux des ouvriers, il est pratiquement dérisoire. Le tableau ci-dessous révèle, en effet, qu'en 1980, donc avant l'arrivée des socialistes, ce rapport n'était que de 1,3.

**Tableau 1 - Effets des impôts et des prestations sociales
sur le revenu moyen des ménages en 1980**
(Tableau de l'Economie Française 1982 - I.N.S.E.E. p. 81)

Catégorie socio-professionnel du chef de ménage	Revenu primaire %	Impôts directs %	Presta-tions sociales %	Revenu dispo-nible %	Revenu annuel disponible en F. par ménage	par personne
Professions indép. .	100,0	− 14,0	+ 9,3	95,3	191.700	59.700
Cadres supérieurs . .	100,0	− 15,4	+ 17,7	102,3	185.100	58.000
Cadres moyens	100,0	− 9,4	+ 24,3	114,9	118.700	38.500
Exploitants agri. . . .	100,0	− 10,0	+ 27,5	117,5	93.600	24.800
Employés	100,0	− 8,0	+ 33,4	125,4	93.500	34.400
Ouvriers	100,0	− 5,5	+ 40,9	135,4	90.900	26.500
Salariés agricoles . .	100,0	− 4,2	+ 41,4	137,2	79.300	22.900
Inactifs	100,0	− 19,4	* + 185,5	*266,1	70.600	37.850
Ensemble	**100,0**	**− 11,3**	**+ 45,1**	**133,8**	**100.000**	**36.200**

* Dont prestations de vieillesse = 135.

Aujourd'hui, avec le plan d'austérité, les cadres moyens ont désormais des revenus disponibles équivalents à ceux des ouvriers[5]. A la marge, le jeune cadre est moins rémunéré qu'un ouvrier qualifié[6]

Enfin, pour les exploitants agricoles, le rapport entre leurs revenus disponibles moyens et ceux des ouvriers est encore plus

5. En.1980, le rapport entre le revenu disponible moyen par ménage des cadres moyens et celui des ouvriers était de 118.700/90.900 soit de 1,3 d'aprés les chiffres figurant au tableau ci-dessus de l'INSEE. Or, ces chiffres sont obtenus aprés un prélèvement fiscal de 9,4 % pour les cadres et de 5,5 % seulement pour les ouvriers. Il va de soi que l'augmentation brutale de la fiscalité résultant de l'austérité a donc considérablement réduit, depuis 1982, le rapport de 1,3 qui doit être aujourd'hui voisin de 1. Les cadres moyens disposent donc des mêmes revenus que ceux des ouvriers.

6. C'est le cas notamment pour les jeunes instituteurs qui luttent pour l'amélioration du sort des ouvriers dont les salaires sont supérieurs aux leurs.

réduit[7], ce qui justifie leur vif mécontentement, étant donné
que les agriculteurs ne font pas comme les ouvriers des semaines de 39 heures, mais des semaines d'au moins 78 heures et
qu'ils ne prennent pratiquement jamais de congé.

En définitive, nous voyons que, dans l'ensemble, les revenus d'une grande partie de la classe moyenne sont aujourd'hui
trés voisins de ceux de la classe ouvrière.

Cependant, malgré cette relative équivalence des revenus, les
membres de la classe moyenne paraissent, d'une façon générale, avoir un niveau de vie supérieur à celui des membres de
la classe ouvrière. A la vérité, cela résulte du genre de vie,
notamment sur le plan familial où le comportement des
ouvriers, des manœuvres et des immigrés procède d'une certaine insouciance. Le nombre considérable d'enfants qu'ils ont
à charge a pour effet de réduire leur niveau de vie. Le critère
du genre de vie s'avère donc un élément fondamental de la distinction entre la classe ouvrière et la classe moyenne.

§ 3. Le critère du genre de vie

Le genre de vie constitue l'un des critères déterminants de
la distinction des catégories sociales. Il découle tout à la fois
du niveau de vie et des mœurs.

A — Niveau de vie et genre de vie

Le niveau de vie résulte principalement des revenus. Sur ce
point, la classe bourgeoise se singularise nettement. Ses revenus lui permettent encore un style de vie difficilement compatible avec les moyens des deux autres classes sociales, notamment dans l'utilisation permanente d'un personnel de maison
et la possession de biens immobiliers et mobiliers importants.

Cette distinction est moins évidente, au premier abord, si l'on
compare la classe moyenne à la classe ouvrière. Cela provient
du fait qu'à l'heure actuelle, le style de vie de ceux qui ont des
revenus presque équivalents, tend à s'uniformiser, du moins
dans son aspect extérieur. Cette tendance s'explique par la faci-

___
7. Le tableau ci-dessus de l'INSEE révèle un rapport de 1,03 environ.

lité d'acquisition des équipements domestiques, devenus accessibles à tous, ainsi que par l'intensification des moyens de communication et d'information qui propagent, dans tous les pays industrialisés, un mode de vie standardisé. De nos jours, les ouvriers possèdent les mêmes véhicules, instruments et appareils que les cadres ou les autres membres de la classe moyenne. Le tableau ci-dessous le révèle :

Tableau 2 - Taux d'équipement des ménages en biens durables selon la catégorie socio-professionnelle du chef de ménage (décembre 1980)

(%)

Code - Cat. socio-professionnelle du chef de ménage	Ménage Millons	Auto-mobile	Télé-viseur ens.	dont couleur	Réfri-gérateur	Congé-lateur	Mach. lav. linge	Lave vaisselle
0 Agriculteurs exploitants	0,9	87,3	88,5	24,7	94,8	72,4	90,6	20,4
1 Salariés agricoles *(a)*...	0,2	72,6	88,4	28,1	87,9	41,8	77,4	4,1
2 sauf 21-26 Artisans, petits commerçants....	1,1	91,6	94,2	57,1	96,3	41,4	89,6	33,2
21-26-3 Industriels, gros commerçants, cadres supérieurs, professions libérales.............	1,5	94,7	88,2	59,2	99,1	31,3	90,2	54,0
4 Cadres moyens	2,0	90,2	88,5	50,9	98,3	28,0	86,3	29,4
5 Employés	1,5	75,4	90,7	44,7	96,3	21,8	79,9	15,2
60-61 Ouvriers qualifiés, contremaîtres.........	2,9	84,6	94,6	43,5	97,5	33,1	88,3	13,4
6 sauf 60-61 Ouvriers spécial. manœuvres....	2,1	74,6	90,4	35,9	94,6	31,1	83,8	7,4
9 Non actifs...........	6,3	39,6	88,2	40,8	91,6	17,2	65,6	5,8
Ensemble *(b)*	19,3	69,3	90,1	43,8	95,1	28,2	79,5	16,6

(a) Catégorie de faible effectif, les résultats sont entachés d'une marge d'imprécision.
(b) Y compris catégories 7 et 8 non reprises ici.

Source : *Tableaux de l'Economie française, 1982*, INSEE, p. 71.

Le taux d'équipement des ménages en automobiles, téléviseurs, réfrigérateurs, congélateurs et machines à laver est sensiblement le même dans toutes les catégories sociales[8].

D'autre part, les ouvriers partagent avec les membres de la classe moyenne des loisirs identiques et s'y consacrent de la même façon. « Pour les hommes actifs..., la durée de temps libre dépend peu de la catégorie sociale. Ils se différencient entre eux principalement, voire exclusivement, selon leur statut professionnel : les indépendants ont moins de loisirs que les salariés. C'est la seule différence notable. En particulier, les loisirs des salariés sont étonnamment stables d'une catégorie à l'autre : ils consacrent tous prés de deux heures aux media, plus d'une heure aux relations sociales, une demi-heure aux loisirs extérieurs et une demi-heure aux loisirs intérieurs. Seule légère différence : on constate une substitution régulière entre lecture et télévision lorsque l'on passe des cadres supérieurs aux ouvriers, ces derniers regardant plus la télévision que les premiers et lisant moins »[9]. Dans l'ensemble, les loisirs des ouvriers et des membres de la classe moyenne sont donc presque identiques et correspondent à un mode de vie désormais standardisé dans tous les pays industrialisés.

Cependant, là s'arrête la comparaison. En effet, un revenu presque équivalent peut procurer des niveaux de vie différents suivant la manière dont il est utilisé. L'affectation d'un revenu et le genre de vie qui en résulte dépend essentiellement du comportement des individus, et sur ce point, la classe ouvrière se distingue radicalement de la classe moyenne. Les ouvriers font preuve d'un comportement familial qui altère grandement le niveau de vie auquel ils pourraient prétendre avec leurs revenus. Ils possèdent un nombre relativement considérable d'enfants et ce nombre est d'ailleurs inversement proportionnel au montant de leurs salaires. Plus leurs salaires sont bas, plus la fécondité est grande. « Les contremaîtres, avec une descendance moyenne de 2,9 enfants, se singularisent et, comme en matière de nuptialité, se rapprochent des classes moyennes. Sinon, la fécondité augmente avec l'absence de qualification, passant de

---

8. Les ménages d'ouvriers ont cependant un taux de lave-vaisselle inférieur à celui des ménages de cadres. Cela ne provient certainement pas de la relativité des niveaux de vie mais probablement de la conception différente de ces deux catégories socio-professionnelles à propos du rôle que doit jouer la femme dans les travaux domestiques.

9. Extrait de *Données Sociales*, ed. 1981, INSEE, page 274.

2,56 enfants pour les ouvriers qualifiés du secteur public à 3,22 pour les manœuvres du secteur privé »[10]. Malgré la relative importance des prestation sociales, il est évident que cette tendance excessive à la procréation engendre une baisse sensible du niveau de vie des ouvriers et des manœuvres. Le tableau ci-dessus[11], relatif aux revenus disponibles en 1980, témoigne de cet effet sur les niveaux de vie. Alors que le revenu moyen annuel disponible par ménage était, en 1980, de 90.900 F. pour les ouvriers, il se réduisait, en fait, à 26.500 par personne, compte tenu du taux relativement élevé des enfants à charge.

C'est précisément sur le plan du comportement familial que l'écart se creuse entre le niveau de vie de la classe moyenne et celui de la classe ouvrière. « Les classes moyennes sont peu fécondes : de 2,1 à 2,2 enfants dans toutes les catégories de cadres moyens... »[12]. Il en résulte que le niveau de vie des cadres moyens a tendance à devenir supérieur à celui des ouvriers alors, nous l'avons vu, qu'ils disposent les uns et les autres d'un revenu disponible sensiblement équivalent. C'est ainsi que le rapport entre le revenu annuel moyen disponible par « tête », dans une famille de cadre moyen, et ce même revenu dans une famille d'ouvrier, était d'environ 1,45 en 1980, alors que le rapport des revenus moyens disponibles par ménage n'était, à cette époque, que de 1,3[13]. Ces chiffres témoignent de la diminution relative du niveau de vie des ouvriers consécutive à leur comportement familial. Compte tenu de ce comportement, le cadre moyen dispose donc, par rapport à l'ouvrier, de facultés financières supérieures. Il utilise, par conséquent, ce surplus de facultés à améliorer le bien-être de sa famille, notamment par l'achat à crédit d'un appartement de standing ou d'une résidence secondaire dont il sera tenu de rem-

---

10. Extrait de *Données Sociales*, ed. 1981, INSEE, page 36.
11. V. *supra* le tableau 1 relatif aux « effets des impôts et des prestations sociales sur le revenu moyen des ménages en 1980 ».
12. Extrait de *Données Sociales* 1981, page 36. (Publication de l'INSEE). Pour un tableau détaillé de la fécondité en fonction de la catégorie socio-professionnelle, v. page 38, tableau n° 18 de la revue précitée.
13. Nous l'avons vu *supra* tableau 1. Ce tableau relatif aux « effets des impôts et des prestations sociales sur le revenu moyen des ménages en 1980 » montre que le revenu disponible par « tête » dans une famille de cadre s'élève à 38.500 F. alors que, pour une famille d'ouvrier, il n'est que de 26.500 F.

bourser le prix et les intérêts durant de nombreuses années d'effort et d'économie. A la suite de cet investissement, le cadre moyen devient ainsi, par rapport aux ouvriers qui vivent dans des H.L.M., le « privilégié » que dénonce le parti socialiste ; un privilégié dont le seul avantage social ne procède pas, nous l'avons vu, du montant relatif de ses revenus mais de l'équilibre qu'il a lui-même raisonnablement adopté entre ses charges de famille et ses ressources disponibles.

B — Mœurs et genre de vie

Les mœurs conditionnent, dans une certaine mesure, le genre de vie car elles déterminent le comportement psychologique des individus. A cet égard, la classe moyenne se distingue fondamentalement des deux autres classes sociales.

Elle se distingue, tout d'abord, de la bourgeoisie car celle-ci est, par nature, conservatrice, alors que les membres de la classe moyenne sont foncièrement progressistes. Depuis quelques années, en effet, ceux-ci votent massivement pour l'Union de la Gauche et la plupart des leaders du parti socialiste sont issus de la classe moyenne. Nous nous sommes suffisamment étendus, sur ce point, dans l'introduction pour ne pas avoir à y revenir.

Progressistes, mêlant jusqu'à présent la majorité de leurs voix à celle des ouvriers, luttant souvent à leur côté, les membres de la classe moyenne ne se distinguent pas moins de ceux-ci sur le plan des mœurs. La classe ouvrière, en effet, est régie par des usages et possède un comportement psychologique qui lui sont spécifiques et que l'on ne retrouve dans aucune autre classe sociale. Cela résulte de deux traits qui la singularisent : son engagement dans la lutte contre les autres classes, d'une part, et son caractère cosmopolite, d'autre part. Il convient donc d'envisager ces deux traits pour les confronter aux mœurs de la classe moyenne.

a - L'engagement de la classe ouvrière

L'engagement des ouvriers dans la lutte des classes, depuis le 19e siècle, les a conduit à s'organiser en une classe compacte et solidaire, ayant conscience d'elle-même et de la nécessité de lutter. La classe ouvrière a donc acquis, de manière historique, un comportement psychologique et des mœurs particuliers. Compte tenu de l'esprit de classe qui les anime, ses membres obéissent à d'autres valeurs sociales que les valeurs républicaines traditionnelles. Ces valeurs sont notamment des valeurs collectives d'union et de solidarité de groupe. L'individualisme a fait place au collectivisme et les droits essentiels, pour les ouvriers, ne sont pas ceux que l'on possède individuellement, mais ceux que l'on exerce dans la lutte et la revendication. Le droit de grève constitue, pour eux, le droit le plus fondamental. D'autre part, l'idée de progrès, pour ceux qui exercent des fonctions subalternes et qui sont soumis à l'empire hiérarchique d'autres personnes, est indissoluble de l'idée de protection, c'est-à-dire d'assistance de l'Etat. Compte tenu de leur subordination et de leur manque de qualification, la liberté d'initiative personnelle est une valeur, par hypothèse, exclue de leur esprit.

Sur tous ces plans, la classe moyenne s'oppose radicalement à la classe ouvrière. A l'inverse de cette dernière, cette catégorie sociale admet, pour valeurs essentielles, les valeurs républicaines traditionnelles. La liberté, l'initiative individuelle, le droit de propriété sont au premier rang de ces valeurs. La classe moyenne manifeste, en outre, un grand respect pour le pluralisme démocratique et la libre diversité de l'enseignement. Car ses membres sont, avant tout, individualistes. C'est la raison pour laquelle ils n'ont pas l'esprit de classe mais la conviction profonde d'appartenir à une nation. Sur ce dernier point, d'ailleurs, ils se distinguent encore des ouvriers qui possèdent davantage l'esprit de classe que l'esprit national, ce qui s'explique par le caractère cosmopolite de leur catégorie sociale.

b - Le caractère cosmopolite de la classe ouvrière

Ce caractère est un fait que les statistiques révèlent[14] : *prés d'un quart de la population active ouvrière est aujourd'hui constitué d'étrangers.* Une proportion plus grande encore de cette population se compose de descendants d'immigrés. Il va de soi que ce trait singulier de la classe ouvrière implique directement la spécificité de ses mœurs. Les ouvriers et les manœu-

---

14. 21,7 % des manœuvres, 18,5 % des salariés agricoles et 14,5 % des ouvriers spécialisés sont des étrangers. Quant à la classe moyenne, elle ne comprend que 2,2 % d'étrangers. (*Données Sociales 1981*, publication de l'INSEE, page 55).

vres immigrés ont nécessairement des mœurs qui ressortissent de leurs origines respectives. Cela est manifeste pour les musulmans dont le comportement psychologique particulier procède essentiellement de leur croyance et milite en faveur de la primauté fondamentale des préceptes religieux sur les impératifs temporels, seraient-ils mêmes des impératifs français. Il est évident que les mœurs de cette partie de la classe ouvrière que représentent ces immigrés ne correspondent pas aux mœurs de notre pays[15].

Le caractère cosmopolite de la classe ouvrière représente aujourd'hui une donnée sociologique de première importance pour notre société. Le législateur lui-même a reconnu ce caractère essentiel. C'est ainsi que la loi du 28 octobre 1982 a prévu que les délibérations des comités d'entreprise pourraient se dérouler dans une langue étrangère[16]. On ne peut imaginer consécration plus éclatante du caractère cosmopolite de la main-d'œuvre ouvrière. Il faut bien le reconnaître : sur le plan légal comme sur le plan des faits, la langue française ne constitue plus désormais le véhicule exclusif de la pensée ouvrière. La preuve en est, qu'au-delà des débats des comités d'entreprise, des tracts, imprimés en langue étrangère, notamment en arabe, sont distribués couramment à la porte ou à l'intérieur des entreprises et que la lutte ouvrière met côte à côte les ouvriers français et les ressortissants d'un certain nombre de pays étrangers. Lorsque les étrangers sont majoritaires — ce qui est le cas dans un grand nombre d'entreprises — les ouvriers et les syndicats français les suivent et les appuient dans leurs revendications. L'esprit de classe, là encore, l'emporte à l'évidence, sur l'esprit national.

Ces constatations, qui s'appuient sur des faits avérés que nul ne conteste, nous permettent d'affirmer que, sur le plan des

---

15. Cette incompatibilité va si loin que l'exercice de certaines règles religieuses pourrait même se trouver en contradiction avec l'ordre public national, au sens juridique de ces termes. C'est le cas, par exemple, de la condition de la femme musulmane — et non pas seulement de la condition de la femme mariée — dont l'asservissement et la mise sous tutelle, conformément aux principes du Coran, ne paraît pas compatible avec les principes généraux de notre Droit constitutionnel, en particulier avec la liberté comme l'égalité républicaines.

16. La loi du 28 octobre 1982 a modifié l'article 423-8 du Code du Travail. Elle a fait l'objet, le 1er juin 1982, d'un débat mouvementé à l'Assemblée Nationale (v. *J.O.* du 2 juin, page 2793).

mœurs, la classe moyenne s'oppose fondamentalement à la classe ouvrière. La classe moyenne, en effet, n'est pas cosmopolite[17] et son comportement psychologique n'est donc pas le même. Elle n'a pas l'esprit de classe et conserve un esprit national. Parce qu'elle est presque exclusivement composée de français, elle est la gardienne des traditions françaises et se préoccupe davantage de l'intérêt économique national que de sa propre condition sociale.

En conclusion, il apparaît que le critère des mœurs, comme celui du niveau de vie, permet de distinguer nettement la classe moyenne des autres classes sociales, en particulier de la classe ouvrière. Si l'on constate que d'autres critères, que nous avions précédemment envisagés, tel notamment que le critère de l'activité professionnelle, accentuent et précisent ces distinctions de classes, on doit donc reconnaître que la classe moyenne est une réalité sociologique qui n'a peut-être pas conscience de ce qu'elle est, mais qui a certainement conscience de ce qu'elle n'est pas. Ses membres savent pertinemment qu'ils ne font partie ni de la bourgeoisie ni de la classe ouvrière. De celà, ils en ont nettement conscience.

Cette démarche négative est la seule démarche logique pour parvenir à circonscrire cette immense catégorie de citoyens qui ne se reconnaissent ni dans la bourgeoisie ni dans la classe ouvrière et qui constitue, par conséquent, ce que l'on nomme la classe moyenne. Compte tenu des critères de distinction — plus précisément des critères d'opposition — que nous avons invoqués, il est d'ores et déjà possible d'affirmer que cette classe revêt une importance numérique considérable.

Section deuxième : l'importance numérique de la classe moyenne

Pour circonscrire l'étendue de la classe moyenne, il convient de procéder à la ventilation des statistiques les plus récentes, en vue de comptabiliser toutes les personnes qui ne sont mem-

17. Sa population active ne comporte qu'environ 2 % d'étrangers.

bres, ni de la bourgeoisie, ni de la classe ouvrière. En procédant de la sorte, on s'aperçoit que certains groupes socio-professionnels ne posent aucun problème : ils sont, à l'évidence, partie intégrante de cette catégorie de personnes. D'autres groupes, au contraire, n'obéissent pas toujours à des classifications rigoureuses. Quoiqu'il en soit, l'inventaire statistique révèle qu'à l'intérieur de la fourchette des incertitudes, la population active de la classe moyenne se compose d'environ une dizaine de millions de français[18].

§ 1. Les certitudes de la classification

Plusieurs groupes socio-professionnels font, à l'évidence, partie de la classe moyenne. Leur inclusion peut se faire avec certitude car ils ne font, par nature, ni partie de la bourgeoisie, ni partie de la classe ouvrière. Il s'agit des agriculteurs exploitants, des petits et moyens patrons de l'industrie et du commerce, des membres des professions libérales et des cadres supérieurs et moyens.

A — Les agriculteurs exploitants

Il s'agit de personnes qui exercent, en toutes hypothèses, une profession indépendante. Elle comprend un grand nombre de petits et moyens propriétaires fonciers, mais aussi un nombre important d'exploitants non-propriétaires. Dans les deux cas, l'indépendance de leur profession les oppose aux membres de la classe ouvrière qui sont des salariés, donc des personnes non-indépendantes dont la subordination — nous l'avons vu — constitue d'ailleurs l'une des caractéristiques essentielles. Jusqu'à ces dernières années, les exploitants agricoles étaient classés par certains sociologues dans une sorte de sous-rubrique de la classe moyenne, la « classe rurale ». Aujourd'hui, il n'y a plus lieu de procéder à cette sous-classification, compte tenu de l'évolution des mœurs rurales et de la facilité des communications qui a brisé les cloisons du monde agricole. Les agri-

18. Il s'agit-là de la population active, que, seule, révèle les statistiques. Il va de soi que la population totale de la classe moyenne est beaucoup plus importante. Elle est deux à trois fois supérieure à ce chiffre de 10 millions.

culteurs exploitants ont, en effet, adopté un comportement professionnel moderne, analogue à celui de la plupart des exploitants des petites et moyennes entreprises industrielles ou commerciales. Cette tendance ne fera que s'accentuer avec l'influence et le nombre grandissant des « jeunes agriculteurs », souvent titulaires de diplômes professionnels et qui adoptent une mentalité dynamique de cadre.

Les derniers chiffres publiés de la population active française indiquent que le groupe socio-professionnel des agriculteurs exploitants sur petites et moyennes exploitations se compose de 1.186.000 personnes environ[19].

B — Les petits et moyens patrons de l'industrie et du commerce (Artisans, commerçants, chefs d'entreprise)

Cette catégorie professionnelle étant indépendante, mais obtenant la majeure partie de ses revenus du travail et de la qualité professionnelle de ses membres, elle s'oppose — nous l'avons vu — à la fois à la bourgeoisie et à la classe ouvrière.

Cependant les statistiques globales de la population active française ne font pas de distinction entre les petits et moyens entrepreneurs et les gros industriels qui peuvent être inclus dans la classe bourgeoise. Il faut donc se référer à des études fournissant une description détaillée du contenu des catégories socio-professionnelles pour obtenir le chiffre approximativement exact de la population active du groupe de petits et moyens entrepreneurs. A cet égard, il apparaît que le nombre de gros indusriels est relativement négligeable. Par exemple, en 1975, 7.000 personnes seulement étaient des P.D.G. de la grosse industrie, donc susceptibles d'être classés dans la bourgeoisie[20].

Compte tenu de ces remarques, la population active des petits et moyens patrons de l'industrie et du commerce (artisans, commerçants et chef d'entreprise selon la nouvelle nomenclature

---

19. Enquête emploi d'avril-mai 1982 — Tableau publié dans la revue *Economie et statistiques*, n° 152, février 1983 (INSEE), page 65. V. tableau, *infra* paragraphe 3.

20. *Données Sociales* 1981, publication de l'INSEE, page 168 : « Les 60.000 industriels constituent en fait une population de petits et moyens patrons ». Les P.D.G. et administrateurs de sociétés « ne constituent qu'environ 12 % de la catégorie », soit environ 7.000 personnes.

statistique) se compose, d'après les derniers chiffres publiés, de 1.760.000 personnes[21].

C — Les professions libérales et cadres supérieurs (Cadres, professions intellectuelles supérieures selon la nouvelle nomenclature statistique)

Là encore, l'indépendance des uns, les revenus et l'activité sociale des autres, impliquent, sans conteste, leur appartenance à la classe moyenne.

Cette catégorie socio-professionnelle se compose, selon les derniers chiffres publiés, de 1.754.000 personnes[22].

D — Les cadres moyens (Professions intermédiaires selon la nouvelle nomenclature statistique)[23]

L'intégration des cadres moyens à l'intérieur de la classe moyenne ne pose aucun problème. Nous nous sommes suffisamment étendu sur les distinctions entre ce groupe socio-professionnel et la classe ouvrière pour ne pas avoir à y revenir.

Il ne faut cependant pas confondre cette classification logique et théorique avec la réalité des comportements politiques[24]. Certains membres de cette catégorie socio-professionnelle —

21. Enquête emploi d'avril-mai 1982 précitée. Le chiffre global des artisans, commerçants et chefs d'entreprise s'élève à 1.767.000 personnes desquelles il convient de soustraire les 7.000 P.D.G.
22. Enquête emploi avril-mai 1982 précitée.
23. Les experts de l'INSEE justifient ainsi ce changement de terminologie : « Le nom de l'ancien groupe des "cadres moyens" a été changé en celui de "professions intermédiaires", le terme de "cadre" étant réservé au groupe des anciens "cadres supérieurs", ce qui correspond mieux à la pratique des entreprises » (Extrait de L'identité sociale dans le travail statistique — La nouvelle nomenclature des professions et catégories socio-professionnelles, par A. Desrosières, A. Goy et L. Thévenot, Revue Economie et statistiques, n° 152, février 1983, publication de l'INSEE, pages 55 et ss.).
24. Selon l'INSEE, le comportement politique par le vote serait le résultat d'une combinaison de facteurs : la catégorie socio-professionnelle arriverait au second plan derrière le niveau de pratique religieuse : « Le niveau de pratique religieuse est le critère le plus explicatif du vote des individus » (Données Sociales 1981 page 161). Ce qui paraît surprenant, étant donné que la Gauche religieuse a récemment voté pour les mêmes tendances que la Gauche laïque ou athée dont les objectifs principaux consistaient ouvertement à s'attaquer à la liberté de l'enseignement privé religieux. Il faut croire, si l'on veut considérer que les citoyens obéissent à la logique, que leur comportement électoral a été dicté par d'autres considérations que la pratique religieuse.

principalement enseignants — se rangent aux côtés de la classe ouvrière, dans un militantisme actif. Car ils ont effectivement adhéré à l'un des deux partis ouvriers, soit au parti socialiste, soit au parti communiste. Leur comportement politique est souvent dicté par des considérations idéalistes qu'ils font prévaloir d'autant plus aisément que l'exercice de leur profession ne les met pas en contact direct avec les problèmes socioéconomiques que l'on rencontre dans les secteurs productifs. C'est la raison pour laquelle les cadres moyens de l'industrie et du commerce qui, eux, sont en contact avec ces réalités socioéconomiques, expriment généralement des tendances politiques inverses. *La détermination de l'engagement politique procède donc davantage de la connaissance ou de la méconnaissance des réalités socio-économiques que d'une différence de conditions sociales.*

Quoiqu'il en soit, et quelle que soit leur attitude purement politique, tous les cadres moyens, ayant à peu prés la même conditiion socio-professionnelle, font partie de la classe moyenne.

Une seule incertitude concernait, jusqu'à ces dernières années, la classification des contremaîtres. Bien qu'issus de la classe ouvrière, les contremaîtres ont un statut voisin de celui des cadres moyens, sur le plan des revenus[25] comme sur celui de la fonction d'autorité. L'INSEE lui-même le reconnaît en ces termes : « le groupe des contremaître constitue une charnière entre le groupe ouvrier et celui des cadres moyens »[26]. Il en résulte que les contremaîtres pourraient être valablement inclus dans la catégorie des cadres moyens et non pas dans la catégorie des ouvriers. C'est précisément ce que vient de réaliser la nouvelle nomenclature statistique. Aprés avoir déclaré, nous l'avons vu[27], que « le nom de l'ancien groupe des "cadres moyens" a été changé en celui de "professions intermédiaires" », l'INSEE inclut aujourd'hui dans cette rubrique de sa

---

25. Par exemple, le salaire moyen des contremaîtres s'élève à 6.600 F. par mois, alors que le salaire moyen des instituteurs ne s'élève qu'à 5.910 F. (Enquête précitée sur l'emploi d'avril-mai 1982 — Chiffres figurant dans le tableau publié dans *Economie et statistiques*, n° 152, février 1983, publication de l'INSEE, page 59).
26. Extrait de *Données Sociales 1981*, publication de l'INSEE, page 187.
27. V. *supra* note n° 23.

nouvelle nomenclature l'ensemble des contremaîtres. Selon les experts de l'INSEE, ceux-ci font donc désormais partie des « cadres moyens » et non plus de la catégorie « ouvriers ». Certes, encore une fois, il est probable que l'attitude politique d'un certain nombre d'entre eux soit déterminée par d'autres considérations que celles relatives à leur statut socio-professionnel, notamment par le maintien des rapports qu'ils entretenaient, au début de leur carrière, avec le monde ouvrier dont ils étaient alors partie intégrante. Toujours est-il que leur statut actuel permet cependant leur assimilation pure et simple à celui des « cadres moyens ».

Ceci étant précisé, la population active de la catégorie des « cadres moyens », qualifiée aujourd'hui de catégorie de « professions intermédiaires », s'élève, selon les derniers chiffres publiés, à 4.258.000 personnes[28] et tend à s'accroître d'année en année.

§ 2. *Les incertitudes de la classification*

Ces incertitudes intéressent la classification d'un groupe socio-professionnel, à savoir la catégorie des employés, incluant aujourd'hui, dans la nouvelle nomenclature, les personnels de service. Sous la rubrique « employés », les statistiques générales englobent diverses catégories de personnes qu'elles énumèrent. Il s'agit des employés civils, agents des services de la fonction publique, des policiers et militaires, des employés administratifs d'entreprise, des employés de commerce et des personnels des services directs aux particuliers.

Mis à part les policiers, les militaires et les personnels de services directs aux particuliers, la rubrique « employés » inclue effectivement les personnes qui occupent des fonctions « d'employé ». Mais ces personnes ont des statuts professionnels trés différents les uns des autres. Pour procéder à une ventilation, certes sommaire, mais raisonnable, de ces statuts, il convient, par conséquent, de rappeler certaines distinctions faites par les instituts de statistiques eux-mêmes.

D'une façon générale, on distingue les employés de bureau

28. Enquête précitée sur l'emploi d'avril-mai 1982.

des employés de commerce. Parmi les employés de bureau, les employés qualifiés[29] peuvent être, sans difficulté, rattachés à la classe moyenne. Car leur statut professionnel comme leur genre de vie, correspond aux critères de classement que nous avons précédemment analysés[30]. Quant aux employés non qualifiés[31], leurs conditions professionnelles et sociales sont voisines de celles des emplois industriels occupés par des ouvriers.

A la suite de cette ventilation, l'INSEE conclut donc qu'une part importante, évaluée à 43 % environ, des employés de bureau ont un statut qui les rapproche davantage de la condition ouvrière que « de l'image stéréotypée du col blanc »[32].

Quant aux employés de commerce, l'ancienne nomenclature mêlait aussi, sous la même qualification, des activités distinctes, telles que vendeurs, V.R.P., gérants. Les vendeurs ont, en effet, un statut différent de celui des V.R.P. ou des gérants de magasin, hôteliers, restaurateurs ou cafetiers. La subordination des uns, l'initiative commerciale des autres, les séparent immanquablement. Si certains vendeurs ont une condition proche de la condition ouvrière, les voyageurs de commerce ont un statut trés voisin des cadres moyens[33]. Aujourd'hui, la nouvelle nomenclature a fort justement procédé à la ventilation des employés de commerce. Désormais les V.R.P. figurent dans les « professions intermédiaires », c'est-à-dire parmi les « cadres moyens ».

Il ne nous reste donc qu'à procéder à la ventilation des employés de bureau qui n'a malheureusement pas été effectuée par la nouvelle nomenclature, en distinguant, ainsi que le faisaient les techniciens de l'INSEE, les employés qualifiés des employés non-qualifiés. Selon les estimations effectuées sous

29. Les employés de bureau qualifiés étaient au nombre de 638.460 en 1975. V. *Données Sociales 1981*, publication de l'INSEE, page 185.
30. V. *supra*, chapitre premier, section première, paragraphe 1.
31. Le nombre des employés de bureau non qualifiés s'élevait, en 1975, à 679.660. V. « Données Sociales » 1981, page 185.
32. « Données Sociales » 1981, page 184. Selon les statistiques de 1975, il s'agissait de 43 % de 3.104.260 personnes représentant la population totale de toutes les catégories d'employés.
33. Les V.R.P. se considèrent, à juste titre, comme des cadres moyens. C'est ainsi qu'ils ont participé activement à la manifestation organisée par la C.G.C. à Paris, le 3 octobre 1983.

l'empire de l'ancienne nomenclature, le nombre des employés qualifiés s'élevait à plus de 600.000 personnes[34]. Ces personnes, de par leur statut professionnel, peuvent être valablement incluses dans la classe moyenne.

§ 3. *Evaluation de la population active de la classe moyenne*

A la suite de l'inventaire détaillé des diverses catégories socio-professionnelles qui composent la population active de la classe moyenne, nous parvenons aux résultats suivants, exprimés dans le tableau ci-dessous, qui fait état des derniers chiffres publiés[35] :

Catégories socio-professionnelles	Effectif total (en milliers)	Pourcentage de femmes	Pourcentage de moins de 40 ans	Salaire moyen mensuel	Pourcentage de bacca-lauréats	C.A.P.
1. Agriculteurs exploitants	1 516	38	26		4	14
11. Agriculteurs sur petite exploitation	730	39	21		3	10
12. Agriculteurs sur moyenne exploitation	456	38	29		3	15
13. Agriculteurs sur grande exploitation	330	33	35		9	19
2. Artisans, commerçants, chefs d'entreprise.....................	1 767	35	37		15	20
21. Artisans....................	892	26	40		11	37
22. Commerçants et assimilés	747	49	35		15	19
23. Chefs d'entreprise 10 salariés ou plus	128	15	26		40	22

---

34. Nous rappelons qu'il s'agit-là de chiffres datant de 1975, bien qu'ils soient publiés dans la Revue *Données Sociales 1981*. Nous devons donc les considérer comme les derniers chiffres connus.
35. Les salaires moyens mensuels figurant à ce tableau ne sont pas les revenus disponibles tenant compte des effets des impôts et des prestations sociales. Ils ne sont donc pas significatifs des niveaux de vie respectifs des différentes catégories socio-professionnelles.

Catégories socio-professionnelles	Effectif total (en milliers)	Pourcentage de femmes	Pourcentage de moins de 40 ans	Salaire moyen mensuel	Pourcentage de bacca-lauréats	C.A.P.
3. Cadres, professions intellectuelles supérieures	1 754	25	49	10 440	76	6
31. Professions libérales	188	33	55		90	2
33. Cadres de la fonction publique	223	23	45	9 770	80	4
34. Professeurs, professions scientifiques	367	42	59	9 030	85	1
35. Professions information, arts et spectacles	121	44	57	7 550	63	5
37. Cadres administratifs et commerciaux d'entreprise	452	19	42	11 410	63	13
38. Ingénieurs, cadres techniques d'entreprise.	403	6	46	11 470	78	9
4. Professions intermédiaires	4 258	40	59	6 250	50	21
42. Instituteurs et assimilés	791	64	66	5 910	83	5
43. Professions Intermédiaires, santé et travail social	614	75	73	5 500	74	11
44. Clergé, religieux	(29)*	*	*	*	*	*
45. Professions Intermédiaires administratives de la fonction publique	346	53	57	5 970	46	16
46. Professions intermédiaires administratives et commerciales des entreprises	1 103	38	56	6 700	37	24
47. Techniciens.	726	10	66	6 440	44	31
48. Contremaîtres, agents de maîtrise	649	6	39	6 600	18	35

Source : Enquête sur emploi d'avril-mai 1982 — tableau publié dans la Revue *Economie et Statistiques*, n° 152, février 1983, p. 65.

Ce tableau indique que la population active de la classe moyenne s'élève à un minimum de 9.295.000 personnes, auxquelles il convient d'ajouter environ 600.000 employés qualifiés.

Cette population avoisine ainsi les dix millions de personnes. La population totale de cette catégorie sociale est donc considérable puisqu'elle se compose, non seulement de cette population active, mais aussi de l'ensemble des personnes qui s'y rattachent par une communauté familiale effective[36].

Il serait intéressant de comparer la population active de la classe moyenne avec la population active de la classe ouvrière.

Selon les chiffres les plus récents, cette dernière catégorie sociale se composerait de 7.508.000 ouvriers, y compris les sala-

36. Bien que difficilement évaluable, la population totale de la classe moyenne devrait certainement dépasser les 25 millions de personnes.

riés agricoles. Le détail de leurs activités respectives figure dans le tableau ci-dessous :

Effectif total *(en milliers)*

6. Ouvriers (y compris agricoles)	7 508
62. Ouvriers qualifiés de type industriel	1 671
63. Ouvriers qualifiés de type artisanal	1 395
64. Chauffeurs	588
65. Ouvriers qualifiés manutention magasinage transports	474
67. Ouvriers non qualifiés de type industriel	2 100
68. Ouvriers non qualifiés de type artisanal	967
69. Ouvriers agricoles	313

Source : Enquête sur emploi d'avril-mai 1982 — Tableau publié dans la Revue *Economie et Statistiques*, n° 152, février 1983, p. 65.

Toutefois, si l'on tient compte de la proportion d'étrangers que comporte la classe ouvrière, le nombre de français faisant partie de sa population active est sensiblement restreint. En effet, le nombre de ces étrangers s'élevaient en 1981 à environ 859.000 ouvriers et 35.000 salariés agricoles[37]. La population active ouvrière française, compte tenu de ces chiffres, ne dépasserait donc jamais, en toute hypothèse, 6.614.000 personnes environ[38].

Faut-il inclure les employés dans la classe ouvrière ? Certaines personnes, mentionnées aujourd'hui dans la rubrique « employés » de la nouvelle nomenclature, ne posent, à cet égard, aucun problème. Il s'agit des personnels des services directs aux particuliers. Manifestement, leur travail manuel, leur subordination, la faiblesse de leurs salaires et le fait qu'ils soient étrangers à prés de 100 %, permettent leur inclusion dans la classe ouvrière. Car toutes les caractéristiques de celle-ci se

37. *Tableaux de l'Economie Française* 1982, publication de l'INSEE, page 61.
38. Il ne peut s'agir que d'un chiffre approximatif, bien que proche de la vérité. En effet, le chiffre total de la population active ouvrière, tel qu'il est fourni par le tableau ci-dessus, est une évaluation pour l'année 1982, alors que le chiffre qui nous est fourni, en ce qui concerne les étrangers est une évaluation pour l'année 1981. La soustraction de l'un à l'autre admet, par conséquent, un inévitable — bien que faible — pourcentage d'erreur.

retrouvent dans cette catégorie de personnes.
Pour les autres, la question paraît plus délicate. Certes, sur le plan des salaires — et non celui des revenus disponibles — ainsi que sur le plan de la subordination, un grand nombre d'employés sont assimilables à des ouvriers. Mais là s'arrête la comparaison, car elle n'est, en fait, qu'apparente. En effet, si l'on approfondit l'analyse, on constate que certains traits importants rapprochent les employés de la classe moyenne. Leur travail, par exemple, n'est pas manuel et la population des employés n'est pas cosmopolite[39]. Quant au comportement de celle-ci, il se distingue radicalement de celui des ouvriers, au point d'interférer sur le critère du niveau de vie. Le tableau ci-dessous révèle cette différence de comportement :

**Moyens et comportements
des différentes catégories socio-professionnelles** *(en %)*

	Part d'ouvriers non qualifiés	Revenus bas	Scolarité obli- gatoire	Cinq enfants ou plus	Locataire de son logement	Meilleur ami ouvrier, paysan ou inconnu	La femme gère le budget	Aspira- tions « ouvri- ères » pour les enfants
Ouvriers non qualifiés	100	79	81	23	45	68	66	73
Ouvriers qualifiés et contremaîtres	0	57	60	8	26	56	58	63
Artisans et commerçants	0	41	59	5	32	49	36	46
Employés...................	0	51	44	0	29	26	35	59
Cadres moyens.............	0	22	21	3	24	25	25	41
Cadres supérieurs et profes- sions libérales..............	0	5	3	1	22	13	9	37
Ensemble des hommes français	20	43	45	8	30	41	41	56

Source : chiffres extraits du Tableau n° 6 de l'article « Trajectoires ouvrières, systèmes d'emploi et comportements sociaux », par Desrosière et M. Gollac, Revue *Economie et Statistiques*, n° 147, septembre 1982, publication de l'INSEE, p. 61.

Alors que 23 % des ouvriers non qualifiés et plus de 8 % des ouvriers qualifiés ont plus de cinq enfants, les employés

39. La population des employés comprend environ 2 % d'étrangers. V. *Données Sociales 1981*, publication de l'INSEE, page 55.

n'ont pratiquement jamais un tel nombre d'enfants[40], d'où l'augmentation relative de leur niveau de vie par rapport à celui des ouvriers. C'est là que réside la distinction fondamentale entre le groupe des ouvriers et celui des employés. Le tableau des revenus disponibles[41] révèle, en effet, qu'à salaires à peu prés équivalents, les employés disposent d'un revenu disponible annuel moyen par personne de 34.400 F., alors que celui des ouvriers est réduit, nous l'avons vu, à 26.500 F. Si l'on compare donc ces chiffres avec celui qui est obtenu pour les cadres moyens, c'est-à-dire 38.500 F., on s'aperçoit que, sur le plan du niveau de vie de la famille, la condition de l'employé est quasiment équivalente à celle du cadre moyen, tandis que la condition de l'ouvrier, à cause du nombre d'enfants à charge, est nettement inférieure[42]. La différence de comportement familial confère donc, à la famille d'employé, un standing trés supérieur à celle de l'ouvrier qui a pour effet de séparer, en fait, ces deux catégories socio-professionnelles. Cette supériorité du niveau de vie des employés se traduit notamment par une accession fréquente à la propriété foncière[43]. Quant à la séparation qui en résulte entre le monde des employés et celui des ouvriers, le tableau ci-dessus relatifs aux comportements révèle que les premiers n'ont que trés peu d'affinité pour les seconds. Ainsi 26 % seulement d'employés ont un meilleur ami ouvrier. Ce qui les situe, là encore, au niveau des cadres moyens sur le plan des affinités envers la classe ouvrière[44].

Quoiqu'il en soit, que les employés s'intègrent ou non dans la classe moyenne, les conclusions chiffrées auxquelles nous sommes parvenus soulignent, à l'évidence, la primauté numé-

40. En effet, le tableau ci-dessus révèle 0 % de cas dans lesquels, selon cette enquête de l'INSEE, il a été dénombré des familles de cinq enfants ou plus.
41. V. *supra*, tableau 1.
42. Alors que le revenu disponible moyen par personne de la famille est de 38.500 F. pour le cadre moyen et de 34.400 F. pour l'employé, il n'est que de 26.500 pour l'ouvrier. L'effondrement du niveau de vie de l'ouvrier résulte essentiellement de son comportement familial, car ces trois catégories socio-professionnelles ont un revenu disponible par ménage sensiblement équivalent. Les enfants font la différence.
43. Le tableau ci-dessus relatifs aux comportements révèle, en effet, que 29 % seulement des employés sont locataires de leur appartement alors que le chiffre est de 46 % pour les ouvriers non qualifiés. (24 % pour les cadres moyens).
44. 25 % des cadres moyens ont un meilleur ami ouvrier.

rique de cette catégorie sociale sur la classe ouvrière. Et cette primauté ne fait que s'affirmer davantage si l'on prend en considération l'importance des activités exercées par les membres de la classe moyenne.

CHAPITRE DEUXIEME

L'IMPORTANCE DES ACTIVITES DE LA CLASSE MOYENNE

Les membres de la classe moyenne exercent, nous l'avons vu, des activités essentielles, tant sur les plans administratif, scientifique et culturel que sur le plan socio-économique. Pour avoir une idée précise de l'importance de ces activités, il convient de les situer par rapport aux autres activités qui participent à l'organisation comme au fonctionnement de la société française. A cet égard, on est surpris de constater que l'appellation de « classe moyenne » est une qualification trompeuse, désormais inappropriée. En effet, cette appellation qui permet encore, à l'heure actuelle, l'identification de cette catégorie de citoyens, laisse supposer que celle-ci occupe une place intermédiaire — une place « moyenne » — dans la hiérarchie des groupes sociaux. A la vérité, cette terminologie n'est plus conforme à la situation d'aujourd'hui. Car les activités de la classe moyenne ne sont pas subordonnées à l'exercice d'autres activités supérieures. Elles revêtent même une incontestable primauté sur le plan national.

Toutefois, la primauté des activités de la classe moyenne ne signifie pas pour autant qu'elles soient autonomes. En réalité, les activités sociales, quel que soit par ailleurs leur niveau, se caractérisent toutes par leur interdépendance étroite : la primauté des activités d'une catégorie de personnes n'est jamais absolue. Elle se trouve fortement tempérée par une nécessaire et constante solidarité de toutes les classes.

Section Première : La primauté des activités de la classe moyenne

La classe moyenne occupe une place prépondérante dans l'administration de notre société. Bien qu'elle soit subordonnée, dans cette action, aux directives du pouvoir politique, il n'existe pas, en France, de classe dirigeante qui lui soit, sur ce plan, supérieure.

Il en est de même sur le plan économique. Contrairement à ce que l'on pourrait *a priori* penser, le rôle économique de la classe moyenne n'est, en réalité, soumis, ni à l'emprise, ni au contrôle de la bourgeoisie capitaliste. La classe bourgeoise et la classe moyenne n'exercent pas, sur ce plan, des activités hiérarchisées mais des activités parallèles qui, dans leurs domaines respectifs, se révèlent, en fait, étroitement complémentaires.

§ *1. La primauté dans l'administration de la société*

Certains partis politiques et certains auteurs affirment qu'il existerait une classe dirigeante : il y aurait, dans toute société, un groupe social ou une catégorie de familles qui jouerait en permanence un rôle de direction dans les domaines politique et administratif notamment.

Il en était effectivement ainsi dans la plupart des sociétés modernes. Jusqu'à la fin du 19e siècle, une classe sociale, la classe bourgeoise, possèdait quasiment le monopole des fonctions dirigeantes. C'est donc à partir de cette réalité d'autrefois que les sociologues ont aperçu, au-dessous de cette classe dirigeante, mais au-dessus de la classe ouvrière, une classe intermédiaire qu'ils ont, fort justement, qualifiée de « classe moyenne »[1].

---

1. Ou de « classes moyennes », lorsque ceux-ci nient la réalité de l'unité de cette classe sociale.

Le marxisme étant né dans le contexte du 19e siècle, et raisonnant toujours dans ce contexte archaïque, les partis socialiste et communiste français se prévalent encore aujourd'hui de cette vieille doctrine, pour affirmer que les capitalistes, dans notre société occidentale, exercent la réalité du pouvoir. Selon cette doctrine, la société française serait ainsi gérée par le puissant et redoutable « grand capital », si cher à M. Georges Marchais. A la vérité, avec une telle théorie, les partis socialiste et communiste français aboutissent à contester leur propre action puisqu'ils se trouvent actuellement au pouvoir. Si leur théorie était exacte, nous devrions, par conséquent, en conclure que le présent gouvernement, mis en place par ces deux partis, n'est donc qu'un ensemble de ministres « fantôches », aux mains d'un capitalisme dirigeant. Ces affirmations partisanes, nous le voyons, ne sont pas raisonnables. Elles n'ont pour but que de stimuler la ferveur militante des masses incultes qui constituent la clientèle principale des partis socialiste et communiste. Pour reprendre la terminologie de R. Aron, nous dirons que cette théorie marxiste de la classe dirigeante n'est qu'une « pseudo-théorie »[2]. Certes, nous n'aurons pas la naïveté d'écrire que la puissance de l'argent doit être considérée comme négligeable. Il va de soi que les propriétaires des moyens de production constituent un groupe puissant qui peut exercer une certaine influence dans le domaine politique. Mais il s'agit là d'une constatation évidente : l'existence de groupes de pression est inévitable dans toute véritable démocratie. Et le moins que l'on puisse dire, c'est que les capitalistes ne représentent plus, à l'heure actuelle, le principal groupe de pression. Ce sont les syndicats, notamment les syndicats ouvriers qui constituent aujourd'hui ce puissant groupe de pression, allant parfois jusqu'à exercer le pouvoir par ministres interposés.

2. « La théorie, dite marxiste, est celle selon laquelle les gestionnaires ou les propriétaires des moyens de production constituent en tant que tels la minorité dominante. Il s'agit d'une pseudo-théorie ». R. Aron, *La lutte des classes*, 1964, collection Idées-Gallimard, page 194. De même, M.P. Laroque, *Les classes sociales*, Que sais-je ?, page 54, déclare à ce propos : « Néanmoins si une classe sociale a eu en fait le monopole à peu prés complet des fonctions dirigeantes jusqu'à la fin du 19e siècle, c'est une situation qui de plus en plus, au moins dans les pays économiques les plus évolués, tend à être dépassée ».

En ce qui concerne l'existence, en toutes sociétés, d'une classe dirigeante, la théorie marxiste n'est pas le seule qui ait été invoquée. Une autre théorie, dite « machiavélienne », tend à démontrer que « le pouvoir politique est exercé, partout et toujours, par une minorité et que le pouvoir politique compte autant que la puissance économique »[3]. Une telle théorie, nous le voyons tout de suite, ne correspond pas à la situation d'une véritable démocratie où les dirigeants, soumis à l'alternance, ne disposent que d'un pouvoir éphémère et contrôlé, fondé sur une majorité électorale réelle. Pour les démocraties occidentales, nous dirons donc, avec R. Aron, que la théorie machiavélienne est « grossière et insuffisante »[4]. Cette théorie, par contre, s'adapte parfaitement aux sociétés socialistes des pays de l'Est. Effectivement, dans ces Etats, on assiste à la domination de la caste dirigeante du Parti, qui ne représente qu'une minorité et qui s'est emparé, de façon permanente, de tous les pouvoirs politiques. Cette caste constitue une sorte de famille politique dont les membres se cooptent, s'entraident et se soutiennent en toutes circonstances et partagent, depuis plus d'un demi-siècle, tous les avantages que leur confère la puissance. Dans notre société occidentale, au contraire, il n'existe pas de caste dirigeante : les dirigeants passent et, sitôt démis de leurs fonctions, n'occupent plus de situation privilégiée.

En conséquence, s'il n'y a pas, en France, de « classe dirigeante », au sens sociologique de ces mots, il faut en conclure que la classe moyenne n'est pas une classe intermédiaire, qu'elle n'est plus « moyenne ». Et par le fait qu'elle comporte toutes les élites de la nation, c'est elle qui gère véritablement la société française, notamment sur le plan administratif. Nous devons en déduire qu'elle constitue aujourd'hui une classe supérieure qui se situe au sommet de la hiérarchie sociale. Cette prépondérance dans le domaine administrtif se double d'ailleurs d'une certaine primauté dans le domaine économique.

---

3. R.Aron, *op. cit.*, page 195.
4. R.Aron, *op. cit.*, page 194.

§ 2. La primauté dans certains domaines économiques

Le schéma traditionnel de l'économie libérale reconnaît à la bourgeoisie capitaliste un rôle dominant. Selon ce schéma, la bourgeoisie, se trouvant à la tête de toutes les grosses entreprises, conduirait effectivement la politique économique. L'Etat lui-même serait ainsi contraint de composer avec la classe capitaliste, rendue maître du jeu par sa puissance et sa liberté. Quant aux petites et moyennes entreprises, elles ne constitueraient que des prolongements des grandes entreprises et leur sort tiendrait tout entier dans les mains des capitalistes. Elles ne seraient que des sortes de satellites économiques, hiérarchiquement subordonnés.

Ce schéma traditionnel, auquel croit toujours une majorité de français, est aujourd'hui totalement dépassé, absolument et irréfutablement inexact. A la vérité, la France est entrée, depuis peu, dans un capitalisme monopolistique d'Etat. Celui-ci détient, à l'heure actuelle, un pouvoir considérable : propriétaire de la Banque et des principales entreprises, il a les moyens d'orienter la politique économique du pays et ce sont les capitalistes qui doivent, à présent, composer. Ajoutons à cela que les syndicats ouvriers, contrôlés par les partis socialiste et communiste, tiennent désormais les rênes du secteur humain de l'entreprise et qu'ils possèdent donc un certain pouvoir dans le domaine économique. Quant aux petites et moyennes entreprises qui se trouvent, par hypothèse, aux mains de la classe moyenne, elles exercent, en réalité, un pouvoir parallèle à celui des grandes entreprises, même si elles poursuivent, les unes et les autres, une action économique complémentaire.

C'est sur ce dernier point, qui intéresse, nous le voyons, la classe moyenne, qu'il convient, par conséquent, d'insister, car le rôle économique considérable des petites et moyennes entreprises n'est pas toujours correctement perçu.

Ce que l'on nomme, d'une manière générique, les petites et moyennes entreprises recouvre, à la vérité, des situations économiques différentes. Il est notamment nécessaire de distinguer entre les rôles respectifs des petits et moyens commerçants, des artisans et des petits et moyens industriels.

A — *Le rôle des petits et moyens commerçants*

Les activités des petits et moyens commerçants intéressent la nation tout entière. Elles ne sont pas dépendantes, comme on pourrait *a priori* le croire, des producteurs qui se trouvent en amont : elles témoignent d'un dynamisme propre.

a - En ce qui concerne, tout d'abord, le commerce de gros, réalisé presque exclusivement par des petites et moyennes entreprises, les résultats évalués sur une longue période ont permis de préciser son rôle économique. Selon les experts de l'INSEE, « intermédiaire, soit entre la production de biens et leur mise à disposition des consommateurs, soit entre les entreprises, ce secteur a une fonction d'"amortisseur" (qui parfois entre en résonnance) entre l'offre et la demande et, à ce titre, il joue un rôle central dans l'économie de la nation »[5]. Ce secteur est, en effet, trés important. Il engendre 5,6 % du produit intérieur brut marchand et emploi 3,8 % de la population active totale. Le dynamisme du commerce de gros apparaît à la lecture des chiffres. De 1968 à 1978, son chiffre d'affaires a progréssé en moyenne de 15,7 %, à un rythme beaucoup plus rapide que le reste de l'économie[6]. Cette différence entre les résultats de ce secteur économique et ceux de l'économie nationale souligne, à l'évidence, le caractère indépendant du commerce de gros. « Le commerce de gros ne dépend pas passivement des activités amont et aval, il a sa dynamique propre. Ceci l'a conduit à se développer fortement depuis 10 ans, et donc à accroître ses investissements et le nombre de ses salariés »[7]. L'explication de cette relative prospérité ne réside pas, comme certains pourraient le penser, dans une augmentation des marges bénéficiaires, mais dans la création ou dans l'expension d'activités spécifiques. C'est ainsi que le commerce de gros a fait des efforts considérables pour accroître le volume des

---

5. « Dix ans de commerce de gros », par B. Piens, Revue *Economie et statistiques*, publication de l'INSEE, n° 120, maris 1980, page 23 et s.
6. Le chiffre d'affaires du commerce de gros a progressé en moyenne de 7 % par an en volume, à un rythme beaucoup plus rapide que le reste de l'économie puisque le taux de croissance annuel moyen du produit intérieur brut marchand n'a été que de 4,7 % en volume. « Dix ans de commerce de gros », *op. cit.*
7. Extrait de « Dix ans de commerce en gros », *op. cit.*.

exportations[8]. Ce dynamisme des petits et moyens commerçants est donc indépendant de l'activité des producteurs et leurs initiatives sont profitables à la nation tout entière[9]. De même, les commerçants ont accru leurs activités extérieures, c'est-à-dire leurs propres activités hors commerce[10]. Le résultat de ces initiatives ne consiste pas seulement en un accroissement plus rapide des bénéfices des entreprises de gros par rapport aux bénéfices des producteurs[11] : il a conduit à la crétion, en 10 ans, de 170.000 emplois[12]. Nous apercevons là toute l'importance sociale des activités de la classe moyenne qui sont fondées davantage sur le travail que sur la rentabilité des investissements purement capitalistiques[13].

b - En ce qui concerne, ensuite, le commerce de détail, il est aussi un secteur important pour l'emploi. En 10 ans, plus de 95.000 emplois ont été créés dans ce secteur[14]. Malgré la percée des grandes surfaces, les petits et moyens commerçants se maintiennent sur une part importante du marché de détail. Ce qui met en évidence leur utilité économique et sociale. D'une façon générale, le petit ou moyen commerce de détail contribue à l'amélioration de la qualité de la vie, à l'animation de la vie urbaine et rurale et à l'accroissement de la compétitivité de l'économie. Il participe activement à l'aménagement du territoire national. Le rapport au Sénat, fait par M. J. Cluzel[15],

8. Au total, l'accroissement du volume des exportations a entraîné une augmentation de 11,6 % du chiffre d'affaires des grossistes entre 1968 et 1978. « Dix ans de commerce de gros », *op. cit.*

9. Il en est de même pour les PMI, v. *infra*, C.

10. Vente de biens et de services produits ou fournis par les grossistes.

11. Entre 1968 et 1978, on assiste à un doublement du volume du chiffre d'affaires du commerce de gros. *Op. cit.*

12. *Op. cit.*, page 31. D'autre part, « le nombre des établissements du commerce de gros interindustriel a presque doublé ent re 1966 et 1979. Aprés 1975, donc en pleine crise, l'extension du commerce de gros interindustriel se poursuit, puisque plus de 5.000 établissements ont été créés depuis cette date », extrait de « Dix ans de commerce de gros », *op. cit.*

13. Par exemple, la croissance de ce secteur s'est effectuée sans restructuration par des fusions entre entreprises, mais par un développement externe qui a étendu le champ de ses activités. Donc la croissance résulte davantage de la valeur et du travail des grossistes que d'une concentration capitaliste. « Dix ans de commerce de gros », *op. cit.*

14. V. « Le commerce de détail de 1968 à 1978 », par J. Allain, Revue *Economie et statistiques*, n° 118, janvier 1980, publication de l'INSEE, pages I et ss.

15. Doc. n° 31, pages 4 et 14.

lors de l'élaboration de la loi d'orientation du commerce du 27 décembre 1973, souligne bien l'interdépendance entre le commerce de détail et les autres activités économiques. Il met en évidence « la place qu'occupe le commerce dans le monde rural », de même que dans l'aménagement des villes de moyenne importance. D'autre part, il met aussi l'accent sur le fait que les activités commerciales sont des activités « qui globalement participent au développement général ».

En résumé, nous le voyons, dans le secteur du commerce, les activités de la classe moyenne sont primordiales. Le petit et moyen commerce n'est pas un vassal des gros producteurs. Il participe à leur prospérité. Sans son dynamisme commercial, les activités des industriels producteurs seraient menacées dans leurs débouchés. Les bénéfices des producteurs dépendent essentiellement des initiatives du commerce. La classe moyenne, à travers l'action des petits et moyens commerçants, interfère donc sur les résultats de la grande industrie comme sur ceux de l'ensemble de la production nationale.

B — Le rôle des artisans

Le rôle et la place de l'artisanat dans le tissu économique et social ont fait l'objet récemment d'une excellente étude du Conseil Economique et Social[16]. Le poids de ce secteur est aujourd'hui considérable. Plus de 660.000 entreprises actives ont été dénombrées, avec 2.200.000 personnes actives, dont plus d'un million de salariés[17]. En employant presque 10 % de la population active totale, l'artisanat est un secteur d'activité comparable à l'agriculture.

Quant à son rôle économique, il est fondamental. Comme le petit commerce, il participe, tout d'abord, à l'animation de l'espace national, surtout dans les zones de faible densité humaine où les grandes entreprises ne trouvent pas un environnement économique à leur mesure. « En milieu urbain, la croissance de la population, le déplacement de celle-ci vers les périphéries des villes, les bouleversements de la texture du tissu

16. Avis et rapports du Conseil Economique et social, *J.O.*, séance du 27 avril 1983 : « L'avenir de l'artisanat face aux changements technologiques », *J.O.* du 6 mai 1983, pages 15 et s.
17. Etude précitée, page 20.

des centres-villes ont bien mis en évidence le rôle trés nécessaire et fondamental que joue l'artisanat tant pour le service à la population que pour l'animation sociale et économique.

En milieu rural, particulièrement dans les zones critiques qui connaissent un mouvement prononcé de dépopulation, le rôle de l'artisanat et du commerce rural est fondamental. D'eux va dépendre le maintien du niveau de service minimal en-deça duquel la désertification est inéluctable.

« Le maintien ou le développement de l'artisanat de production est, en outre, dans ces zones, la seule forme d'activité économique envisageable à côté de l'agriculture »[18].

Mais le secteur de l'artisanat joue surtout un rôle essentiel dans l'économie nationale. Il « constitue véritablement le tissu interstitiel de l'économie française. A l'exception du secteur primaire, de l'industrie lourde et des activités purement financières et administratives, il est présent dans la plupart des activités économiques de production et de distribution.

« Sans parler de son utilité sociale..., son utilité économique repose sur la satisfaction, aux moindres coûts, des besoins des consommateurs (finaux et intermédiaires).

« C'est donc plus en termes de complémentarité que de rapport de domination qu'il faut poser le problème des relations entre la grande entreprise et la petite »[19].

C — Le rôle des petites et moyennes industries

Les activités des PMI se caractérisent aussi par leur spécificité et par leur interdépendance vis-à-vis des activités des grandes entreprises.

a - La spécificité se manifeste dans le particularisme des résultats acquis. D'une façon générale, les PMI ont obtenu de meilleurs résultats que les grandes entreprises, dans quatre domaines essentiels : l'emploi, la croissance, la rentabilité et

18. Etude précitée, page 26.
19. Etude précitée, page 27. Cette complémentarité est expliquée par Christine Jaeger, dans sa thèse intitulée « Artisanat et capitalisme ». Selon elle, l'artisanat ne serait pas une « survivance du passé », mais, au contraire, le produit du fonctionnement même du système capitaliste qui, en se développant, crée autour de lui des zones d'activité qui lui échappent, et pour lesquelles l'artisanat est mieux préparé à répondre.

l'investissement[20]. C'est ainsi que l'effectif des grandes entreprises industrielles a diminué de 6 % en cinq ans, alors que celui des entreprises moyennes est resté stable, et que celui des petites entreprises a augmenté de 13 %[21]. De même, les PMI ont enregistré un ralentissement moins net de la croissance. Enfin, non seulement la rentabilité se dégrade moins, mais la chute des investissements est moins brutale pour les PMI que pour les grandes entreprises[22].

Plusieurs facteurs expliquent les succès économiques des PMI. Ces succès résultent notamment d'une des caractéristiques essentielles des petites ou moyennes entreprises : elles sont deux fois moins capitalistiques que les grandes entreprises[23]. Il s'agit-là d'un trait qui, d'ailleurs, singularise la classe moyenne tout entière : nous l'avons vu[24], cette classe sociale s'oppose à la bourgeoisie, car ses revenus proviennent davantage du travail et de la qualité professionnelle de ses membres que de la plus value du capital. Projeté dans le domaine industriel, ce trait singulier de la classe moyenne aboutit à une configuration spécifique de l'entreprise : le petit ou moyen entrepreneur participe directement et constamment à la marche technique et commerciale de son exploitation. Son travail et ses qualités personnelles lui permettent de réduire les effectifs d'encadrement et même d'utiliser une main-d'œuvre moins qualifiée d'où la réduction des frais de gestion et aussi — et surtout — la grande souplesse de cette gestion qui lui permet de procéder à « des adaptations de la production en fonction de l'environnement économique »[25]. Une meilleure répartition sectorielle

20. V. « Les PME face aux grandes entreprises », par M. Delattre, Revue *Economie et Statistiques*, n° 148, octobre 1982, pages 3 et ss., publication de l'INSEE.
21. *Op. cit.*, page 4. Pour obtenir ces résultats, l'INSEE a préalablement fixé les critères de qualification des entreprises : « trés petites », de 0 à 19 salariés, « petites », de 20 à 99 salariés, « moyennes », de 100 à 500 salariés. Dans son étude : « Investissement et créations d'emplois : impact par secteur d'activité et taille des entreprises », M. J.C. Dutailly, note aussi que les PME obtiennent de meilleurs résultats sur le plan de l'emploi, *Economie et Statistiques*, n° 156, juin 1983, publication de l'INSEE.
22. Etude précitée de M. Delattre, pages 7 et 8.
23. Etude précitée de M. Delattre, page 10.
24. V. *supra*, chapitre 1, section 1, paragraphe 1.
25. Etude précitée de M. Delattre, page 10.

des activités résulte, en particulier, de cette grande capacité d'adaptation.

b - Quant à l'interdépendance entre les activités des PMI et des grandes entreprises, elle est encore manifeste. Les PMI constituent l'un des rouages essentiels de l'industrie nationale. Sans elles, les grandes entreprises ne pourraient plus survivre, surtout en temps de crise. Car celles-ci se déchargent sur celles-là d'un certain nombre d'activités qu'elles ne seraient pas en mesure de réaliser de manière rentable. Les PMI exercent des activités distinctes, « utilisant fréquemment des techniques de production différentes » qui « apparaissent plus complémentaires que rivales »[26] de la production des grandes entreprises.

Cette complementarité se révèle par l'appartenance de certaines PMI à des groupes comprenant de grandes entreprises ou par l'existence de rapports nécessaires de sous-traitance. D'une façon générale, les grandes entreprises délèguent aux PMI des opérations pour lesquelles elles n'auront pas à supporter la charge de l'investissement technologique, matériel et financier. De même, elles procèdent, par l'intermédiaire des PMI, à une segmentation plus favorable dans l'utilisation de la main-d'œuvre. Selon les experts de l'INSEE, ce « fractionnement du processus de production peut être une des réponses aux problèmes rencontrés par la grande entreprise »[27]. A l'avenir, « les problèmes d'adaptation à la demande, d'efficacité de la production ou de la gestion de la main-d'œuvre doivent donc être posés en tenant compte des relations entre PMI et grandes entreprises »[28].

Nous constatons, en conclusion, que le rôle économique de la classe moyenne est trés important. Qu'il s'agisse du domaine de la technologie, pour ce qui concerne les cadres, qu'il s'agisse

---

26. Etude précitée de M. Delattre, page 16.
27. Etude précitée de M. Delattre, page 17.
28. Etude précitée de M. Delattre, page 19.

des petites ou moyennes exploitations agricoles[29], de l'artisanat, des petites ou moyennes entreprises commerciales ou industrielles, ce rôle se caractérise par une certaine primauté : il n'est pas subordonné, comme on pourrait *a priori* le penser, aux directives des capitalistes de l'agriculture, du commerce ou de l'industrie. Les relations économiques entre la classe moyenne et les capitalistes procèdent, au contraire, dans certains domaines, d'une interdépendance ou d'une complémentarité librement encouragée, car elle concerne l'intérêt commun de ces deux catégories sociales.

Cette dernière constation souligne, à l'évidence, l'inévitable et nécessaire solidarité des classes.

Section deuxième : la solidarité des classes

La primauté d'une classe sociale n'est jamais absolue et sa relative autonomie, indépendamment de toute subordination, se trouve conditionnée dans son exercice par l'interaction de l'environnement économique et social. A la vérité, chacune des catégories sociales revêt une certaine importance vis-à-vis des autres catégories, car elle constitue l'un des rouages de l'économie nationale. Il en résulte que la prospérité comme le déclin d'une classe interfère nécessairement sur la condition des autres classes, étant donné l'étroite interdépendance de leurs activités.

Il s'agit là de considérations économiques qui procèdent de l'évidence, mais qu'il convient pourtant de rappeler. Ce n'est pas inutile. En effet, il existe encore, en France, aujourd'hui, des militants et des dirigeants politiques — souvent fort instruits — qui pensent que l'amélioration des conditions d'une

---

29. Le rôle fondamental des PME agricoles est parfaitement connu de tous : l'autonomie et la régularité dans les approvisionnements du marché dépendent essentiellement de l'existence de ces PME. Quant à la cristallisation de la population dans les zones rurales, elle est fondamentale, tant sur le plan de l'aménagement du territoire que sur le plan social. Nous avons donc choisi d'orienter nos développement vers l'artisanat et les PME de l'industrie et du commerce dont l'importance économique et le rôle exact sont, au contraire, totalement ignorés.

classe sociale — en l'occurrence de la classe ouvrière — peut se réaliser aux dépens d'une autre classe sociale, en l'occurrence de la classe moyenne ; en d'autres termes, que l'enrichissement des ouvriers peut résulter de l'appauvrissement des cadres et de tous ceux qui exercent une profession indépendante. Pour ces militants et dirigeants politiques, les règles économiques obéiraient donc strictement au principe physique des vases communiquants. C'est ainsi qu'ils préconisent tout simplement de prendre l'argent des « privilégiés », c'est-à-dire des membres de la classe moyenne, pour améliorer le sort des manœuvres français et des immigrés qui se trouvent au bas de l'échelle des salaires. Un tel raisonnement témoigne, pour le moins, d'une certaine candeur, car il semble délibérément ignorer le principe économique de la solidarité des classes.

A la vérité, la solidarité sociale — que recherchent tous les progressistes quelle que soit leur appartenance — ne représente qu'une conséquence d'un phénomène plus général, celui de la solidarité économique des classes. Ceux qui participent à la création des richesses, par leur initiative ou par leur capital, diffusent dans tous les secteurs de la société les fruits de leur entreprise. Leur prospérité peut ainsi conduire à une promotion corrélative de la solidarité sociale car, dans le cas d'une conjoncture favorable, leurs moyens d'activité comme leur dynamisme ne seront pas atteints par la mise en œuvre de cette solidarité. Bien au contraire, la diffusion des richesses contribue toujours à l'expension des activités. Cependant, le raisonnement qui précède est parfaitement réversible. Si la conjoncture s'inverse, si elle devient défavorable, le déclin des richesses va rendre plus difficile la diffusion de celles-ci. Ce déclin devra nécessairement s'accompagner d'un ralentissement de la solidarité sociale. Il faut éviter, en effet, que la mise en œuvre de celle-ci compromette les facteurs-mêmes de la production des richesses qui sont tout à la fois matériels et humains[30]. Les possibilités d'investissement ou de trésorerie constituent, par exemple, des facteurs matériels essentiels. Mais il convient de ne pas oublier aussi les facteurs humains, en particulier la nécessité d'un profit raisonnable, source de toute initiative et de tout dynamisme. Les

---

30. Toute entreprise admet ces deux facteurs matériel et humain. Il convient, par conséquent, de tenir compte des deux.

conséquences de la solidarité économique imposent donc, en cas de conjoncture défavorable, une diminution ou du moins une pause dans la mise en œuvre de la solidarité sociale. Sans cette pause, la création des richesses étant compromise par leur dispersion, le mouvement de déclin ne peut que s'accélérer jusqu'au moment où plus personne n'aura la possibilité de bénéficier de la solidarité sociale. Dans l'hypothèse conjoncturelle de crise, nous voyons ainsi que l'appauvrissement d'une classe par la mise en œuvre excessive ou inopportune de la solidarité sociale, n'aura jamais pour effet d'engendrer l'enrichissement d'une autre classe — en l'occurence de la classe ouvrière — mais, au contraire, un appauvrissement corrélatif de celle-ci.

Ces considérations mettent en évidence l'erreur commise par le pouvoir actuel. Cette erreur consiste à planifier la solidarité sociale en fonction d'un programme doctrinal préétabli, fondé sur un objectif général : celui de la « justice sociale » par une réduction des inégalités ou plus précisément par l'instauration de l'égalitarisme. Ce programme est donc essentiellement politique : il vise à la mise en œuvre de la solidarité sociale sans tenir compte de la solidarité économique alors que la première ne peut être que l'effet de la seconde. D'où l'échec inévitable de cette politique et, tant que durera la crise, le risque d'un déclin brutal de l'économie nationale tout entière, entraînant celui de toutes les catégories sociales sans exception, y compris de la classe ouvrière.

Pour illustrer le bien-fondé de ces propos, il convient de prendre l'exemple concret du phénomène de la solidarité économique des classes depuis 1981. Lorsque arriva le nouveau pouvoir socialo-communiste, celui-ci, en pleine crise économique, fit tout de suite de la solidarité sociale le cheval de bataille du « changement ». Sa détermination revêtit même un aspect institutionnel puisqu'un ministère dit de la « Solidarité » fut créé pour l'occasion, chargé d'inciter les pouvoirs publics à dépenser et à disperser les richesses nationales. Le résultat de cette soudaine prodigalité fut immédiat : les charges des entreprises augmentèrent de façon démesurée. Leurs bénéfices se réduisirent donc considérablement. Cette tendance risquait ainsi de mettre en péril leur compétitivité. Il a, par conséquent, fallu tempérer les excès de charges, marquer une pause dans l'augmentation du poids de la fiscalité et de la parafiscalité à l'égard du patronat. Mais alors le surcroit de charges sociales résultant de cette politique irresponsable ne pouvait plus être désormais couvert par le rendement de la fiscalité des entreprises, tel que le gouvernement l'avait escompté. D'où les difficultés nouvelles qui surgirent pour couvrir les dépenses de l'Etat pour l'exercice budgétaire de 1983. Les grandes entreprises et les grandes fortunes — en l'occurrence la classe capitaliste — ne pouvant plus supporter, elles seules, le fardeau de l'Etat, on dut, dès lors, faire appel à la classe moyenne qui se vit soudainement, à son tour, accablée d'impôts et de charges.

Cet exemple, malheureusement vécu par les français, illustre parfaitement le double point de vue que nous avons précédemment avancé, à savoir :

— qu'il existe une inévitable solidarité économique des classes ;

— que la solidarité sociale ne saurait être valablement conduite qu'en considération de cette solidarité économique.

Reprenons, en effet, ces deux points, au regard de l'exemple concret que nous avons choisi.

§ 1. *L'existence de la solidarité économique*

Cette solidarité se manifeste inéluctablement : lorsqu'une classe se trouve délibérément appauvrie par des mesures tendant à l'enrichissement d'une autre catégorie sociale, cet appauvrissement interfère du haut vers le bas sur toutes les classes sociales, en vertu de l'interdépendance des activités économiques.

A l'heure actuelle, l'appauvrissement de la classe capitaliste a déjà fortement contaminé la classe moyenne et la classe ouvrière.

En ce qui concerne la classe moyenne, les budgets de 1983 et de 1984 en sont le témoignage. Des revenus réellement modestes se trouvent à présent visés par la rigueur fiscale et parafiscale. Ils ont pris le relai du capital. Parmi ces revenus désormais accablés d'impôts peuvent même figurer les salaires de certains membres de la classe ouvrière.

Quant à la classe ouvrière, elle tend à devenir aussi la victime directe de la solidarité économique. Si, en 1981, elle a tout de suite profité d'un abaissement des horaires de travail et d'une augmentation des salaires et des temps de congé, elle est actuellement en passe d'en payer le prix. Les charges salariales et parafiscales des entreprises ont engendré moins de bénéfices, donc moins de recettes fiscales et un plus grand nombre de faillites. Quant à l'augmentation des salaires et des prestations sociales, elle a eu, en outre, pour effet d'entraîner un déséquilibre fondamental de la balance commerciale. D'où l'austérité, pour les ouvriers comme pour les autres, qui se manifeste déjà par une diminution de leur niveau de vie, par une augmentation de leurs charges sociales, par une aggravation d'un chômage désormais moins rémunéré que sous l'empire du gouvernement Barre. De même, les ouvriers paient, comme les autres, tous les accroissements de la fiscalité et de la parafiscalité sous diverses formes : sur le tabac, sur l'alcool, sur la vignette-auto, sur les magnétoscopes, sur la T.V.A.... etc... En d'autres termes, l'appauvrissement délibérément poursuivi de la classe capitaliste a porté atteinte à l'économie nationale, car toute classe constitue un rouage essentiel de cette économie. Et cet appauvrissement n'a pas enrichi la classe ouvrière comme le gouvernement socialo-communiste l'escomptait, mais engendré, au contraire, un déclin de la condition économique de cette classe, sans précédent depuis la libération puisque, pour la première fois, le niveau de vie des ouvriers est en régression. Tout permet de penser que ce déclin va s'aggraver dans un proche avenir. La vague de la solidarité économique descend inexorablement vers le bas. Bientôt, les manœuvres et les immigrés devront aussi payer le prix de l'ascension inconsidérée du SMIC qui constitue, là encore, un défi maladroit à la crise que nous traversons[31]. Car la solidarité sociale doit nécessairement tenir compte de la solidarité économique dont elle dépend.

31. Les manœuvres et les immigrés ne paieront pas ce prix sous forme de prélèvement fiscal ou parafiscal. Ils le paieront, hélas, plus cher. L'élévation inconsidérée du coût de la main-d'œuvre non qualifiée engendre toujours un double phénomène : la réticence dans la création d'emploi, car cette création n'est alors plus rentable. Et surtout la robotisation, car le travail non qualifié peut être aisément « robotisé ». Le chômage irréductible, tel sera le prix de cette folle politique du SMIC.

§ 2. Le lien de dépendance entre la solidarité sociale et la solidarité économique

Il s'agit-là d'une évidence : l'exercice de la solidarité sociale dépend essentiellement des possibilités de l'économie. Il est, par conséquent, nécessaire de tenir compte de l'interaction des activités économiques. Les effets dévastateurs de la politique sociale suivie depuis 1981 fournissent une illustration remarquable de la dépendance du social envers l'économique. Pourtant le gouvernement ne semble pas avoir encore tiré la leçon des évènements, ni même aperçu toute leur signification. Son leitmotiv est identique à ce qu'il fut à l'aurore du « changement ». Il consiste en l'affirmation quotidiennement répétée selon laquelle il conviendrait, en période de crise, d'accroître les mesures de solidarité sociale. Telle est bien là l'erreur première, dans laquelle il persiste toujours. Certes, le point de vue de nos dirigeants semble *a priori* louable. Car il est d'apparence humanitaire.

A la vérité, en période de crise, l'ensemble des activités nationales se trouvent en difficulté. Il est, par conséquent, inopportun d'aggraver, au nom de la solidarité sociale, les déséquilibres de certaines activités économiques pour favoriser les acteurs d'autres activités. Car il ne peut s'agir là que de faveurs illusoires qui se retourneront bien vite contre les prétendus bénéficiaires. En effet, les acteurs appauvris ne seront plus en mesure de faire face à la crise et leur déclin va nécessairement interférer sur tous les autres acteurs, en vertu de la solidarité économique, y compris sur tous ceux que l'on voulait originellement favoriser. Que l'on se montre humanitaire ou non, ce raisonnement s'impose en toutes circonstances et la politique gouvernementale tendant à renforcer la solidarité sociale envers les « catégories les plus défavorisées »[32] ne paraît pas valable dans la conjoncture actuelle. Les résultats de cette politique en sont d'ailleurs le témoignage.

Ces considérations ne constituent certes pas une condamnation pure et simple de la solidarité sociale. Elles impliquent seu

---

32. Il s'agit principalement des « smicards », c'est-à-dire avant tout des immigrés, de façon permanente, et des manœuvres ou assimilés français, de façon temporaire. V. *infra*, deuxième partie, chapitre 2, section 1, paragraphe 2.

lement une démarche préalable à l'exercice de cette solidarité. Cette démarche doit consister en une évaluation prévisionnelle des effets de la solidarité économique, avant l'adoption de toute mesure sociale.

A cet égard, il convient notamment de tenir compte d'une double limite, à la fois objective et subjective, à partir de laquelle la contribution d'un individu ou d'une entreprise à la solidarité sociale risque de conduire à la réduction de ses résultats économiques[33].

A — La limite objective

La solidarité sociale peut avoir une limite objective. C'est le cas lorsque la contribution aux charges de la solidarité met en péril ou en difficulté l'exercice-même de l'activité. Ce cas s'est évidemment produit, à grande échelle, depuis le « changement » de mai 1981. La politique du gouvernement a précipité le déclin des entreprises qui étaient déjà en difficulté face à la crise. L'élévation inconsidérée du SMIC, l'augmentation des congés, la réduction du temps de travail, l'accroissement des charges sociales ont eu raison de leur compétitivité. En pareil cas, nous l'avons vu, la solidarité sociale ayant dépassé la limite objective du possible, les mesures qu'elle comporte portent atteinte non seulement à l'économie nationale, mais aussi aux intérêts de toutes les catégories sociales, y compris aux intérêts des prétendus bénéficiaires.

B — La limite subjective

La solidarité sociale peut aussi avoir une limite subjective : c'est le cas lorsqu'un acteur économique juge qu'il n'est plus intéressant pour lui de poursuivre ses activités ou de prendre de nouvelles initiatives. Certains auteurs donnent à cette limite subjective le nom de « seuil de tolérance ».

La prise en considération de ce seuil de tolérance est essentielle : elle commande les activités économiques de la classe moyenne qui constitue une catégorie sociale pour laquelle les

---

33. Il est question évidemment des « résultats économiques » et non pas des « bénéfices ». Car il va de soi que toute contribution à des charges sociales ou à des impôts réduit nécessairement les bénéfices.

facteurs subjectifs ont le plus d'importance. Cela s'explique aisément. Une entreprise de dimension internationale n'a pas un comportement subjectif : il s'agit avant tout d'une institution dont les délibérations ne s'appuient que sur des réalités objectives. Le petit commerçant ou le petit industriel, au contraire, l'artisan ou celui qui exerce une profession libérale, est un homme — pas une institution — et les facteurs subjectifs déterminent son comportement. C'est ainsi que, depuis 1981, la plupart des PME ont considérablement réduit leurs initiatives. Il est vrai que les petits entrepreneurs ne veulent pas développer leurs activités ni procéder à de nouvelles embauches de personnel : ils ont peur. Ils sont dans l'expectative et se contentent de survivre. Pour eux, le seuil de tolérance est déjà dépassé. Embaucher un ouvrier constitue, avec les nouvelles mesures sociales et les nouvelles règles du droit de travail, un risque qu'ils ne veulent pas courir. Créer des activités, compte tenu des charges nouvelles, représente une audace qu'ils ne peuvent raisonnablement avoir. Les effets économiques des mesures dite de « solidarité » ou de « justice » sociales ont dépassé pour eux le seuil de tolérance. Quant à l'accroissement des impôts, il ne manquera pas non plus de conduire aux mêmes résultats négatifs. *Le contribuable étant le maître de la création de la matière imposable, le rendement de la fiscalité se réduit immanquablement en fonction de l'augmentation excessive des impôts*[34]. Parmi ceux qui exercent des professions libérales, les titulaires de hauts revenus ont déjà pris l'habitude, depuis 1981, de cesser toute activité à partir d'un certain seuil[35] : ils jugent

34. Les limites subjectives de la pression fiscale ont fait l'objet d'études sérieuses. L'économiste Nord-Américain Laffer a émis, sur ce sujet, une théorie universellement admise aujourd'hui et que nos professeurs d'économie politique enseignent désormais dans nos Universités françaises. Selon M. Laffer, les recettes fiscales évoluent suivant une courbe ascendante puis descendante, en fonction de la pression fiscale. La pression fiscale nulle et la pression fiscale à 100 % engendrent évidemment des recettes fiscales nulles. Entre ces deux extrêmes, la courbe des recettes atteint un maximum qui correspond au fameux seuil de tolérance. Au-delà de ce seuil, les recettes décroissent, car les individus ralentissent des activités qu'ils ne jugent plus rentables à partir d'un certain bénéfice trop imposé.

35. Autrefois, une cessation partielle d'activité eut été impensable. Aujourd'hui, cela est rendu possible par la constitution, de plus en plus fréquente, de sociétés civiles professionnelles (d'avocats, de médecins, etc...) qui permettent à leurs membres de prolonger leur congé sans perdre pour autant leur clientèle.

que la progressivité de l'impôt dépasserait, au-delà de ce seuil, les limites subjectives de la tolérance.

Nous voyons donc que, si la solidarité sociale ne tient pas compte de ce seuil de tolérance, les effets de la solidarité économique seront néfastes pour les bénéficiaires eux-mêmes : non seulement ces derniers seront victimes de l'accroissement du chômage, mais la diminution des recettes fiscales impliquera nécessairement une réduction, à plus ou moins long terme, de leur propre niveau de vie.

CONCLUSION DE LA PREMIERE PARTIE

L'avenir de la classe moyenne française revêt une importance considérable.

Il va de soi que cet avenir intéresse, au premier chef, les membres de cette catégorie sociale. L'ampleur de la question se mesure sur le plan quantitatif : la classe moyenne comporte plus de la moitié de la population active de nationalité française.

Mais le sort économique, professionnel ou social de ces millions de français intéresse aussi la nation tout entière : l'organisation administrative de la France, son rayonnement culturel et scientifique comme la gestion de son économie se trouvent, en grande partie, dans les mains de la classe moyenne. L'avenir de cette classe conditionne, par conséquent, le maintien ou l'abandon des structures, du comportement ou de la physionomie de notre société. D'autant que la classe moyenne, n'étant pas cosmopolite comme la classe ouvrière, elle représente, en quelque sorte, le plus sûr garant de nos traditions nationales et notamment de notre libéralisme républicain.

Enfin, il est un point sur lequel il convient d'insister tout particulièrement : le sort de la classe moyenne interfère nécessairement sur celui de toutes les autres catégories sociales, y compris de la classe ouvrière. Le principe de la solidarité économique implique, à l'évidence, une interdépendance entre la condition de la classe moyenne et la condition de la classe ouvrière. La prospérité ou le déclin de celle-ci engendre correlativement la prospérité ou le déclin de celle-là. La classe moyenne revêt donc une grande importance pour la classe ouvrière, et réciproquement. Chacune d'elles devrait en prendre conscience.

A l'heure actuelle, ces conclusions ne sont malheureusement pas aperçues par le pouvoir dont la politique partisane constitue, pour l'avenir de la classe moyenne, une réelle et constante menace.

DEUXIEME PARTIE

LA MENACE

Pour la première fois depuis la Révolution, la France se trouve gouvernée par des partis qui ne représentent qu'une seule classe sociale — la classe ouvrière — et qui n'ont été fondés que dans le seul but de pratiquer la lutte des classes. Il va de soi que la présence et la prépondérance de ces partis au pouvoir constituent pour la classe moyenne une réelle menace : la plupart des militants socialistes ou communistes ont clairement manifesté leurs intentions d'appliquer les statuts marxistes de leur formation politique et de s'attaquer aux « privilèges » de la classe moyenne. Ce ne sont pas les apaisements récemment prodigués, pour des raisons électorales, par le Président de la République et par le Gouvernement, qui aboutiront, en fait, à la disparition définitive de cette menace.

D'ailleurs la politique effectivement conduite par le Gouvernement s'avère en contradiction permanente avec les propos électoralistes qu'il tient. Les mesures qu'il a prises depuis la fin de 1982 visent, en effet, à réaliser, à plus ou moins long terme et aux dépens de la classe moyenne, un certain égalitarisme économique dont le fondement résiderait — pour reprendre la terminologie qu'il emploie — dans la recherche de la

« justice sociale » par la réduction des « inégalités » et par l'abolition totale des « privilèges ».

Il en va de même sur le plan socio-professionnel. Le Gouvernement tend à appliquer dans les faits la contestation de l'organisation hiérarchique de la société. Non seulement les fonctions et les prérogatives de certains cadres sont déjà remises en cause par des textes législatifs, mais la promotion excessive du pouvoir syndical vise à une sorte de « soviétisation » de l'entreprise qui risque de paralyser, en particulier, les initiatives, voire les activités, des petits et des moyens patrons.

CHAPITRE PREMIER

LA MENACE DES PARTIS ET DES MILITANTS

La présence majoritaire, à tous les niveaux du pouvoir ainsi que de la haute administration, des membres des partis socialiste et communiste constitue une menace latente pour l'avenir de la classe moyenne. Ces deux partis[1] représentent, en effet, des formations politiques essentiellement marxistes dont les statuts prévoient expréssement la substitution d'une société collectiviste à la société libérale. Dans ce contexte, les membres de la classe moyenne, surtout ceux dont la situation procède du libéralisme — c'est-à-dire les non-salariés — sont ainsi voués à un irrémédiable déclin socio-professionnel.

A priori, on pourrait penser que cette menace ne revêt qu'un aspect doctrinal et théorique. A la vérité, le danger n'en demeure pas moins réel : la plupart des dirigeants de ces deux partis sont avant tout des militants qui ont clairement manifesté, dans un passé récent, leurs intentions de poursuivre les objectifs de leur formation politique. Il est à craindre qu'au-delà du mandat de l'actuel Président de la République, les programmes marxistes

---

1. D'autres Partis politiques participent actuellement à la coalition dite « majoritaire ». Il s'agit notamment du PSU et des Radicaux de Gauche. En réalité, ces Partis ne constituent que des groupuscules dans les mains du pouvoir socialo-communiste, dont le seul but procède de la nécessité de capter certaines voix supplémentaires, pour l'un, vers l'extrême gauche, pour l'autre vers le Centre Gauche. Nous n'en ferons, par conséquent, pas cas.

des partis socialiste et communiste soient intégralement appliqués, dans l'éventualité de leur victoire aux prochaines élections législatives.

Section Première : Les statuts des Partis

§ 1. Les statuts du Parti communiste

Pour le Parti communiste français, il n'y a pas de problèmes : la menace à l'encontre de la classe moyenne ne fait aucun doute. Elle est, de surcroît, bien connue de tous. Il nous paraît toutefois utile de la remémorer.

Le préambule des statuts de ce parti possède l'avantage de s'exprimer avec beaucoup de clarté. Ce préambule affirme, tout d'abord, qu'il s'agit d'un Parti de classe. « Le Parti communiste français est le parti de la classe ouvrière »[2]. Selon les statuts, c'est la classe ouvrière qui doit avoir, seule, l'initiative et l'exercice du pouvoir. C'est elle qui a, seule, la faculté, pour ne pas dire le don, de déterminer et de régir le contenu du bonheur et de la liberté des citoyens : « le Parti communiste français a été fondé pour permettre à la classe ouvrière de créer les conditions du bonheur et de la liberté de tous, de la prospérité et de la sécurité de la France... »[3]. Toujours selon les statuts, cet objectif « exige... la conquête du pouvoir politique par la classe ouvrière, en alliance étroite avec la paysannerie laborieuse et l'ensemble des masses populaires »[4]. Aucune autre classe que la classe ouvrière ne peut donc prétendre à l'exercice du pouvoir. D'ailleurs la classe bourgeoise et la classe moyenne sont purement et simplement vouées à l'anéantisse-

---

2. Alinéa 2 du Préambule. V. les statuts du Parti communiste français dans *Constitutions et Documents Politiques*, par Maurice Duverger, collection Thémis, PUF, 1981; pages 342 et ss.
3. Alinéa 3 du Préambule.
4. Alinéa 8 du Préambule. L'alinéa 9 précise que « ce pouvoir, dont la forme peut varier, est la dictature temporaire du prolétariat qui assure la démocratie la plus large pour tous les travailleurs ». Cependant à son XXII Congrès (février 1976), le PCF a décidé d'abandonner toute référence à la « dictature du prolétariat ».

ment. En effet, non seulement elles ne sauraient accéder au pouvoir politique, mais leur patrimoine et leurs prérogatives sont appelées à disparaître. Car le parti communiste qui « fonde son action sur le marxisme-léninisme »[5], « a pour but fondamental la transformation de la société capitaliste en une société collectiviste ou communiste »[6], « caractérisée par la collectivisation des principaux moyens de production et d'échange »[7].

Ce rappel des objectifs du Parti communiste, malgré leur évidence, est important. Il convient, de ne pas oublier que ce parti se trouve actuellement au pouvoir, conjointement avec le Parti socialiste. Il exerce donc une influence sur la conduite des affaires de l'Etat et cette influence, à l'avenir, ne pourra que se renforcer[8]. Il est aujourd'hui manifeste, compte tenu des résultats électoraux les plus récents, que le Parti socialiste n'a plus aucun espoir d'être majoritaire, à lui seul, au sein de la future Assemblée Nationale. La coalition avec le Parti communiste tendra, par conséquent, à devenir, pour les socialistes, une impérieuse et vitale nécessité[9]. Ces derniers seront, de la sorte, enclins à d'importantes concessions dans le sens d'une application, au moins partielle, du programme communiste. *Il n'est pas exagéré de penser que le sort de la classe moyenne, c'est-à-dire l'irrémédiable choix de son existence ou de sa disparition, se jouera aux prochaines élections législatives.* La lecture des statuts du Parti socialiste ne permet aucun doute à cet égard.

§ 2. Les statuts du Parti socialiste

Si les objectifs du Parti communiste sont parfaitement clairs et connus de tous, si les français ont la possibilité permanente

---

5. Alinéa 5 du Préambule.
6. Alinéa 6 du Préambule.
7. Alinéa 7 du Préambule.
8. Ce qui constitue un paradoxe, puisque le Parti communiste ne cesse, par ailleurs, de perdre des voix.
9. La coalition se fera avant les élections, si le mode de scrutin reste ce qu'il est ; après les élections dans le cadre de la proportionnelle. Cette dernière hypothèse est la plus dangereuse pour l'électeur candide. Car il risque de voter pour un Parti socialiste apparemment séparé du Parti communiste — et même en état d'apparente querelle ou controverse — et de se retrouver encore une fois avec les communistes au pouvoir, puisque la coalition s'imposera de toute manière.

d'en apprécier les réalisations en Pologne ou en Tchécoslova-
quie, il n'en va pas de même des buts poursuivis par le Parti
socialiste. Soucieux d'attirer le plus grand nombre d'électeurs,
ce parti constitue une sorte de nébuleuse politique dans laquelle
cohabitent, tant bien que mal, des marxistes, des jeunes gau-
chistes, quelques anciens sociaux-démocrates, vétérans de la
SFIO, ainsi qu'un certain nombre d'enseignants utopistes ou
rêveurs, sans omettre les inévitables et gentils écologistes. Ces
militants de tous bords se trouvent actuellement regroupés sous
la ferme autorité du Président de la République qui a su, en
son temps et non sans mérite les rassembler en un vaste trou-
peau. Désorientée par les réalités du pouvoir et tributaire des
décisions de l'Elysée, cette cohorte donne l'impression de tout
accepter. En moins de deux ans, n'a-t-elle pas approuvé les
mesures les plus contradictoires et renié, par le fait-même, ses
propres engagements électoraux ou partisans ? Les socialistes
sont, en effet, passés, dès la fin de 1982, d'une politique de
nationalisations ou de charges qui ne visait qu'à la disparition
ou l'affaiblissement des entreprises privées, à la politique la plus
capitaliste que la France ait connue depuis longtemps, dont le
seul but consiste à encourager, stimuler, protéger ou subven-
tionner les initiatives des entrepreneurs. Il va de soi que l'im-
posante stature du Président de la République, les multiples
faces du « socialisme à la française » et les contradictions permanentes de sa politique, font oublier l'existence du parti qui
en constitue pourtant la source première. Il est un fait qu'on
a tendance à ne pas faire cas du parti socialiste mais à s'intéresser davantage aux propos du Président de la République ou
du Premier Ministre en exercice. Ce phénomène n'est d'ailleurs
pas nouveau, il date de l'avènement de la 5e République. Aussi
peu de français durant les dernières campagnes électorales présidentielles ou législatives se sont-ils souciés des statuts ou du
programme du Parti socialiste : qu'ils aient voté pour les socialistes ou contre l'ancien pouvoir, ils n'ont jamais fait l'effort
de s'informer, ni des objectifs du parti socialiste, ni même —
ce qui est plus grave encore — des propositions du candidat
Mitterrand. Aujourd'hui, ces électeurs trompés commencent
à mesurer l'ampleur de leur insouciance.

C'est pour éviter le renouvellement de telles erreurs qu'il convient, nous semble-t-il, de rappeler certaines réalités : il existe un parti socialiste puissant, qui possède, comme toute association, des statuts. C'est en vertu de ces statuts, et dans la perspective de la réalisation de leurs objectifs, que la plupart des militants — en particulier les jeunes militants[10] — ont adhéré à ce parti. Bien que ces objectifs ne soient pas, dans leur ensemble, ouvertement et momentanément appliqués, pour des raisons économiques ou plus vraisemblablement électoralistes, ils demeurent le fondement essentiel de l'engagement des socialistes. On ne doit donc pas les ignorer. Ils ont été conçus pour être poursuivis et leur présence permanente dans les statuts de ce parti puissant et majoritaire constitue pour ceux qui en sont les victimes désignées une menace qu'ils auraient tort de négliger.

Nos concitoyens qui n'ont jusqu'à présent jamais pris connaissance des statuts du parti socialiste auront certainement la surprise d'apprendre que ce parti est essentiellement marxiste et que les objectifs de classe qu'il poursuit sont très voisins de ceux du parti communiste. Ceci explique la solidité de l'alliance des socialistes et des communistes et la présence de ces derniers à des postes-clés du gouvernement actuel[11].

A — Le parti socialiste est un parti marxiste

La « Déclaration de principes » de ces statuts affirme la nécessité de faire disparaître à jamais la société libérale pour lui substituer une société socialiste, consécutive à l'appropriation par le pouvoir des « travailleurs » de tous les moyens de production. Les statuts déclarent notamment : « Parce qu'ils sont des démocrates conséquents, les socialistes estiment qu'il ne peut exister de démocratie réelle dans la société capitaliste.

---

10. La jeunesse apparaît aujourd'hui déroutante aux yeux de certains. Elle croit à ses engagements et a conscience qu'il faut les honorer. Ce n'est pas le cas de quelques vieux routiers de la politique, vétérans de la 4e République qui n'accordent aucune importance aux engagements résultant des statuts et n'ont d'autres convictions politiques que celles qui consistent à tromper le plus grand nombre d'électeurs.
11. Lors du Congrès de Bour-en-Bresse, les socialistes ont renouvelé aux communistes leur appel à l'unité.

C'est en ce sens que le Parti socialiste est un Parti révolutionnaire.

« Le socialisme se fixe pour objectif le bien commun et non le profit privé. La socialisation progressive des moyens d'investissement[12], de production et d'échange en constitue la base indispensable. La démocratie économique est en effet le caractère distinctif du socialisme.

« Cependant, l'objectif des luttes ne concerne pas seulement une appropriation des moyens de production, mais aussi les pouvoirs démocratiques de gestion, de contrôle et de décision... »[13].

« Le Parti socialiste propose aux travailleurs de s'organiser pour l'action, car l'émancipation des travailleurs sera l'œuvre des travailleurs eux-mêmes. Il les invite à prendre conscience de ce qu'ils sont la majorité et qu'ils peuvent donc, démocratiquement, supprimer l'exploitation — et par là même les classes — en restituant à la société les moyens de production et d'échange dont la détention reste, en dernière analyse, le fondement essentiel du pouvoir... »[14]... « Il propose de substituer progressivement à la propriété capitaliste une propriété sociale qui peut revêtir des formes multiples et à la gestion de laquelle les travailleurs doivent se préparer »[15].

Les buts du Parti socialiste ne sont donc pas réformistes, ni seulement progressistes, comme certains peuvent le penser[16], ils sont semblables à ceux du parti communiste. Ils visent à un changement radical de société. Les statuts du parti socialiste le précisent nettement : ce parti « tient à mettre en garde les travailleurs, la transformation socialiste ne peut être le produit naturel et la somme de réformes corrigeant les effets du capi-

---

12. Cet objectif est déjà atteint par la nationalisation de tout le secteur bancaire.
13. Alinéa 3 *in fine*, alinéa 4 et alinéa 5 de la « Déclaration de principes » des statuts du Parti socialiste. V. M. Duverger, *op. cit.*, pages 353 et ss.
14. Alinéa 8 de la « Déclaration de principes ».
15. Alinéa 9 *in fine* de la « Déclaration de principes ».
16. Un certain nombre de français font encore la confusion entre le socialisme social-démocrate et débonnaire de la SFIO et le socialisme du parti actuel. Né en 1972, ce parti a puisé son inspiration révolutionnaire dans les événements de mai 1968. Il est, tout à la fois, marxiste et anarchiste.

talisme. Il ne s'agit pas d'aménager un système, mais de lui en substituer un autre »[17].

Aucun doute n'est donc plus permis : la société libérale doit faire place à une société collectiviste dont l'édification, l'aménagement et la gestion seront soumis au seul pouvoir des « travailleurs ». Sur ce dernier point, par sa référence exclusive et constante aux « travailleurs », le parti socialiste, à l'instar du parti communiste, s'affirme, à l'évidence, comme étant un parti de classe.

B — Le Parti socialiste est un parti de classe

D'obédience marxiste, le Parti socialiste se définit comme le porte-parole et le représentant de la classe ouvrière. Sa profession de foi consiste en l'élimination définitive de toutes les autres classes, qu'il s'agisse de la classe capitaliste ou de la classe moyenne. Cela découle encore de la « Déclaration de principes » de ses statuts.

Bien que des termes de « classes ouvrière » ne soient pas expressément employés par cette Déclaration[18], celle-ci présente le Parti socialiste comme le parti des « travailleurs » et des « travailleurs » exclusivement. La notion de « travailleurs », telle qu'elle résulte des statuts, se confond manifestement avec la notion « d'ouvrier » : elle s'oppose non seulement à ceux qui exercent une profession indépendante, mais encore à tous ceux qui, dans la société actuelle, possèdent un pouvoir ou une fonction d'autorité.

a - Le « travailleur » socialiste n'exerce pas une profession indépendante

Sur ce point, les statuts sont formels. Le but essentiel — pour ne pas dire unique — du parti socialiste réside dans la nécessité de libérer l'homme des aliénations que lui impose le

---

17. Alinéa 13 *in fine*. Dans l'alinéa 11, les statuts précisent aussi qu'il convient d'amender les libertés démocratiques « afin de permettre aux travailleurs de transformer progressivement la société ».

18. En revanche, les termes de « classe ouvrière » sont plusieurs fois employés comme synonymes de « travailleurs » dans le « Projet Socialiste » de 1980 qui constitue le programme de celui-ci. V. *infra*, section deuxième.

capitalisme[19]. Selon ses statuts, il faut que le « travailleur » s'émancipe de l'exploitation dont il est victime, par l'appropriation des moyens de production[20]. Par hypothèse, le « travailleur » socialiste n'est donc, ni propriétaire de moyens de production, ni chargé de responsabilité dans les entreprises. Il n'exerce, par conséquent, pas une profession indépendante. Il est salarié

b - Le « travailleur » socialiste n'exerce pas une fonction d'autorité

Cela ne fait aucun doute et résulte aussi de la « Déclaration de principes » des statuts. Ces statuts décrivent constamment le « travailleur » comme une personne subordonnée dont l'émancipation — voire la « libération »[21] — sociale s'impose. C'est ainsi que le parti socialiste « propose aux travailleurs de s'organiser pour l'action » en vue de leur « émancipation » et qu'il les invite à « supprimer l'exploitation »[22] dont ils sont l'objet, non seulement par « une appropriation des moyens de production », mais par la dévolution des « pouvoirs démocratiques de gestion, de contrôle et de décision »[23]. Ceci suppose, par conséquent que ces « travailleurs » ne possèdent aucun pouvoir, ni de gestion, ni de contrôle, ni de décision, en d'autres termes qu'ils soient essentiellement subordonnés[24].

Les statuts du parti socialiste ont donc une conception restrictive du « travailleur », qui se confond rigoureusement avec celle de « l'ouvrier »[25]. Le « travailleur » socialiste, ne possé-

19. L'alinéa I de la « Déclaration de principes » définit le but — et non pas les buts — du Parti socialiste : « Le but du Parti socialiste est de libérer la personne humaine de toutes les aliénations qui l'oppriment... ».
20. Alinéa 8 de la « Déclaration de principes ».
21. En employant les mots de « libération » de « l'homme » ou du « travailleur », le parti socialiste émousse la naïve sensibilité de ses membres, intellectuels idéalistes ou manuels incultes qui peuplent les « masses laborieuses ». Il utilise la vieille terminologie du 19ᵉ siècle et invoque l'image archaïque du travailleur enchaîné par le gros capitaliste inhumain.
22. Alinéa 8 de la « Déclaration de principes ».
23. Alinéa 5 de la « Déclaration de principes ».
24. D'aileurs l'alinéa 7 est, sur ce point, trés explicite. Il conteste le pouvoir de décision de la technocratie et de la bureaucratie, c'est-à-dire l'autorité de ceux qui possèdent — selon cet alinéa 7 — la « technicité », en d'autres termes des cadres.
25. En effet, nous l'avons vu, le critère de la subordination constitue le facteur essentiel qui caractérise la condition ouvrière. V. *supra*, première partie.

dant pas de moyens de production et n'exerçant pas de profession indépendante, s'oppose radicalement aux artisans, aux petits et moyens commerçants, aux petits et moyens patrons de l'industrie, aux exploitants agricoles ainsi qu'aux membres des professions libérales. Tous ces professionnels, bien qu'ils travaillent effectivement beaucoup, ne sont pas considérés par le parti socialiste comme des « travailleurs » car ils ne sont pas « ouvriers ». Le « travailleur » socialiste étant un « exploité », un subordonné qui n'a, selon les statuts du parti, ni pouvoir de gestion, ni pouvoir de contrôle, ni pouvoir de décision, s'oppose aussi à tous ceux qui exercent des fonctions d'autorité, c'est-à-dire à tous les cadres des secteurs public et privé. Ceux-ci ne sont pas non plus des « travailleurs » pour les socialistes, puisqu'ils ne sont pas des « ouvriers ».

Ces considérations permettent de comprendre et de justifier les objectifs visés par le parti socialiste. Puisque les « travailleurs » ne sont autres que les « ouvriers », les statuts marxistes de ce parti, tout comme ceux du parti communiste, les invitent évidemment à poursuivre la lutte des classes, y compris à l'encontre de la classe moyenne. La « Déclaration de principes » de ces statuts précise que cette lutte doit aboutir à la suppression définitive des classes[26], par l'appropriation des biens de ceux qui possèdent des moyens de production et par l'appropriation des pouvoirs de ceux qui exercent des fonctions d'autorité, c'est-à-dire des employeurs de l'agriculture, du commerce ou de l'industrie ainsi que des cadres. Seule, la classe ouvrière est, de la sorte assurée, non seulement de la survie mais de l'hégémonie la plus totale[27].

En résumé, il apparaît que le parti socialiste, parti de la seule classe ouvrière, constitue bien pour les membres de la classe

---

26. Alinéa 8 : Le Parti socialiste invite les travailleurs à prendre conscience « qu'ils peuvent donc, démocratiquement, supprimer l'exploitation — et par là même les classes — en restituant à la société les moyens de production et d'échange ».
27. Le « Projet socialiste » de 1980 est plus explicite que les statuts : il préconise ouvertement la lutte des classes en vue de l'hégémonie de la classe ouvrière, comme le font les statuts du parti communiste. « La coalition des partis représentatifs de la classe ouvrière ne suffit pas non plus, même si elle en est une condition nécessaire à définir l'hégémonie de la classe ouvrière. Il faut aussi l'intervention active des travailleurs... ». (Le Projet Socialiste, dans *Le poing et la Rose*, 12-13 janvier 1980, page 35).

moyenne une menace réelle et permanente, qui ne demeure pas simplement théorique.

Section deuxième : les intentions des dirigeants et des militants

Les intentions des dirigeants et des militants du parti communiste sont constamment avouées et parfaitement connues de tous. Nous nous bornerons, par conséquent, à mettre en évidence les seules intentions des membres du parti dominant, le parti socialiste.

Ces intentions ont été clairement formulées, non seulement à l'approche des élections présidentielles, mais aussi durant toute la période de « l'état de grâce » et même au-delà, c'est-à-dire jusqu'à la fin de 1982. A ce moment précis, la nécessité d'un changement brutal de la politique gouvernementale a imposé une certaine discipline dans le comportement des militants socialistes. Ceux-ci ont été conviés par leurs dirigeants — au premier chef, par le Président de la République — à se montrer discrets dans l'expression de leurs passions doctrinales, surtout après le mauvais effet produit sur l'opinion publique par les excès de langage du Congrès de Valence. Il leur fut conseillé en particulier, de ne plus prononcer les termes de « front de classe » ou de « lutte des classes » qui pourtant représentaient les moyens et les buts essentiels du « Projet socialiste » de 1980. Cette soudaine discrétion se conçoit aisément et pour plusieurs raisons :

— La première réside dans le fait que toute réaffirmation de la doctrine socialiste risquerait de faire apparaître avec plus d'éclat la fondamentale contradiction entre la politique de rigueur conduite par le Gouvernement et le rêve socialiste de l'année 80. Toute déclaration partisane serait ainsi gênante pour la mise en œuvre du plan d'austérité.

— Mais il existe une deuxième raison, encore plus évidente et plus impérieuse, au silence doctrinal des socialistes. Elle résulte des sondages et des échecs électoraux régulièrement subis par la majorité au pouvoir. Le parti socialiste s'est ainsi rendu compte que les slogans marxistes faisaient peur et que le simple prononcé des termes « lutte des classes » ou « changement de société » aboutissait à une perte immédiate de voix[28]. Il convient, donc, aux militants de se taire : l'électoralisme l'impose.

Est-ce à dire que les socialistes qui exprimaient avec ferveur, il y a moins d'un an, leur doctrine marxiste et leurs objectifs égalitaristes de classe, ont soudainement abandonné leurs convictions ? Cela paraît improbable : une telle volte-face politique est inconcevable. Ces militants — mis à part les vieux routiers de la Quatrième — ont toujours eu pour eux le mérite de la sincérité. Il faut le reconnaître, les membres du parti socialiste — en grande partie composé de jeunes — n'ont pas le comportement prudent des hommes politiques qui font carrière. Leurs déclarations en témoignent : elles révèlent, chez eux, toute la candeur d'un idéalisme rêveur et convaincu. Ce qui les rend d'ailleurs d'autant plus dangereux pour notre société républicaine.

Il apparaît ainsi que discrétions et silences appartiennent à la tactique politique imposée par les dirigeants du parti socialiste et subie par les militants sincères. L'endoctrinement demeure, cependant, et ces militants attendent l'heure où la doctrine marxiste et égalitariste de leur parti pourra enfin être mise en œuvre avec plus de rigueur. La nouvelle attitude du parti ne saurait donc être interprétée comme un abandon ou même comme une pause dans l'exécution d'un programme : c'est une simple discrétion tactique, délibérément voulue et concertée.

L'étude chronologique des propositions, projets ou déclarations des dirigeants et des militants socialistes met en évidence la véracité de notre point de vue.

§ 1. *Les intentions des dirigeants et des militants antérieures à mai 1981*

Avant les élections présidentielles de 1981, les militants du parti socialiste affirmaient ouvertement leur volonté d'appli-

---

28. Par le fait-même, la plupat des socialistes se sont aujourd'hui rendus compte que les français n'avaient voté, en 1981, ni pour le marxisme, ni pour un changement de société.

quer une politique marxiste et de pratiquer la « lutte des classes », au seul profit de la classe ouvrière. Le plus prestigieux de ces militants, M. François Mitterand lui-même, ne déclarait-il pas, le 26 novembre 1978, devant la Convention nationale du parti : « Engagés dans la lutte des classes, nous sommes d'un côté, pas de l'autre »[29].

Ces déclarations obéissaient à une certaine logique qui prévaut encore aujourd'hui. L'édification-même du parti socialiste nouveau, tel qu'il résulte des statuts de 1972, a été fondée principalement sur une volonté qui conditionne toute la doctrine du parti : la nécessité, pour obtenir la victoire électorale, de « conquérir le terrain du parti communiste », selon l'expression de M. Mitterrand au Congrès d'Epinay-sur-Seine, en 1971[30]. Lorsqu'on connaît l'endoctrinement et le sectarisme de l'électorat communiste, on se rend compte alors que cette ambition électorale imposait au parti socialiste l'adoption et la défense d'une doctrine collectiviste et la pratique avouée de la « lutte des classes ». C'était là le seul moyen possible pour parvenir à « s'ancrer » à Gauche. La conséquence en fût l'adhésion au parti socialiste d'un grand nombre de marxistes avérés qui se réclament ouvertement de cette doctrine, au premier rang desquels figure M. Pierre Joxe, l'actuel Président du groupe socialiste à l'Assemblée Nationale[31]. A partir de 1971, le discours marxiste prévaut donc dans le parti socialiste et ses statuts en demeurent imprégnés.

Ces considérations justifient les propositions adoptées par la suite dans le « Projet Socialiste » de 1980 ainsi que dans le programme du candidat Mitterrand.

A — Le « Projet Socialiste » de 1980

a - La substitution d'une société collectiviste à la société libérale

Indépendamment des nombreuses propositions concrètes du « Projet Socialiste » qui tendent en ce sens, le rappel de l'ob-

---

29. *Le Monde*, mardi 2 février 1982 : « La lutte des classes à l'Assemblée Nationale », par J.M. Colombani.
30. V. « La lutte des classes à l'Assemblée Nationale », *op. cit.*
31. Le fait qu'un militant qui s'avoue lui-même marxiste soit à la tête du groupe socialiste est particulièrement significatif de la tendance marxiste du parti.

jectif marxiste du parti socialiste figure au premier plan dans ce projet. Dès l'introduction, intitulée « Le socialisme pour les années 80 »[32], le projet rappelle les termes mêmes des statuts du parti : « Il ne s'agit pas pour nous d'aménager le système capitaliste mais de lui en substituer un autre »[33]. Ce qui met encore une fois en évidence le fait que les militants qui ont adopté le « Projet Socialiste » de 1980, dans le cadre de leur Convention Nationale, entendent bien réaliser les buts figurant dans les statuts de 1972. Ces statuts ne sont pas à considérer comme un agrégat de clauses de style et ne demeureront pas lettre morte ; ils seront appliqués. Le Projet le réaffirme en ces termes : « Le Parti Socialiste n'a pas pour but de se faire plaisir ni de témoigner pour l'au-delà mais de transformer les structures de la société, à travers la conquête du pouvoir politique, pour libérer l'Homme et la Femme[34] ».

Pour parvenir à ce résultat, l'un des procédés consite bien, selon ce projet, en l'appropriation des moyens de production[35].

Pour éviter toute incertitude à ce sujet, les militants socialistes ont cru bon de rappeler, dans la Conclusion du Projet, les objectifs marxistes de leur parti, en insistant sur le caractère primordial de ceux-ci : « Le Parti Socialiste doit subordonner toute son action à sa vocation fondamentale : la transformation socialiste de la société »[36]. C'est pour les militants, le but essentiel qui conditionne toutes les autres mesures.

b - La lutte des classes

Généralement, ces termes concernent les objectifs, c'est-à-dire la suppression de toute classe au profit exclusif de la classe ouvrière, et les moyens pour parvenir à ce résultat, c'est-à-dire la lutte ouvrière. L'originalité du « Projet Socialiste » de 1980 consiste à distinguer ceux qui seront les bénéficiaires de la réa-

---

32. Nous sommes dans les années 80. Le socialisme préconisé par le Projet de 1980 est donc bien celui que nous avons commencé à subir et qui ne peut aller qu'en s'aggravant.
33. « Le Poing et la Rose », n° 85, « Convention Nationale », « Le Projet Socialiste », 12-13 janvier 1980, page 10.
34. Projet Socialiste de 1980, *op. cit.*, page 10.
35. *Op. cit.*, page 10.
36. *Op. cit.*, page 94.

lisation des objectifs, en l'occurrence les membres de la classe ouvrière, de ceux, plus nombreux, qui pourraient avoir la charge de lutter en ce sens.

i) Les bénéficiaires de la lutte des classes

Le terme de « travailleur » employé par les statuts du parti socialiste recouvre, nous l'avons vu, la notion-même « d'ouvrier ». Ce sont les « travailleurs » qui devront être les bénéficiaires exclusifs de la lutte des classes.

Sur ce point, les militants de 1980 sont venus apporter une confirmation de cette analyse des statuts de 1972. Le « Projet Socialiste », en effet, bien qu'employant de préférence le terme de « travailleur », fait tout de même suffisamment référence à la « classe ouvrière » ou aux « ouvriers » pour que l'analogie entre les « travailleurs » socialistes et les « ouvriers » ne soit plus douteuse.

Un extrait du Projet de 1980 est, à cet égard, particulièrement significatif. Dans ce passage, il est fait appel à la participation active des « travailleurs » à la réalisation des objectifs socialistes. Pour cela, les rédacteurs du Projet précisent qu'en effet, la seule action du parti ne serait pas suffisante sans l'intervention cumulative et nécessaire de tous les travailleurs. Or ce parti, en l'occurrence le parti socialiste, est présenté par les rédacteurs du Projet comme étant celui « de la classe ouvrière ». Cet aveu non équivoque de la part des militants eux-mêmes mérite donc d'être cité *in extenso* : « Aussi bien l'hégémonie des travailleurs ne s'identifie-t-elle en aucune manière avec celle d'un parti qui serait celui de la classe ouvrière. La coalition des partis représentatifs de la classe ouvrière ne suffit pas non plus, même si elle en est une condition nécessaire, à définir l'hégémonie de la classe ouvrière. Il y faut aussi l'intervention active des travailleurs à tous les niveaux de décision »[37].

Ce passage est intéressant à bien des égards. Non seulement il précise que les « travailleurs » sont essentiellement les membres de la classe ouvrière, mais il proclame la nécessité de « l'hégémonie des travailleurs » qu'il qualifie d'ailleurs à la phrase

---

37. *Op. cit.*, page 35. En invoquant la « coalition des partis représentatifs de la classe ouvrière », le Projet fait allusion à la nécessité d'une coalition socialo-communiste. Nécessité aujourd'hui satisfaite.

suivante « d'hégémonie de la classe ouvrière ». Ainsi, comme dans la doctrine communiste, les ouvriers devront, selon le parti socialiste, détenir les leviers de commande de la future société, pour exercer enfin cette « hégémonie » que l'on qualifiait, fort justement autrefois, de « dictature du prolétariat ». Les termes ont changé : l'esprit marxiste demeure.

La classe ouvrière sera donc la seule bénéficiaire de la réalisation des objectifs socialistes : non seulement les ouvriers exerceront le pouvoir de décision mais encore ils devront bénéficier de tous les avantages matériels, et ce aux dépens surtout de la classe moyenne. De nombreux passages du « Projet Socialiste » illustrent cette affirmation. « Notre Projet , à cet égard, est sans mystère : il s'agit de transformer le droit, la fiscalité, le système de protection sociale et l'ensemble des politiques à but collectif dans l'intérêt de la grande masse des travailleurs »[38], c'est-à-dire de la classe ouvrière. Or, nous le verrons plus loin[39], ces transformations prévues par le Projet de 1980 sont aujourd'hui mises en œuvre pour une bonne part et se réalisent aux dépens de la classe moyenne dont elles mettent l'existence-même en péril par la remise en cause de sa propre spécificité. L'égalitarisme socialiste doit, en effet, conduire au nivellement quasi-total des revenus et des conditions des différentes classes. L'égalité qui représente, selon le Projet de 1980, « une des exigences les plus importantes du mouvement ouvrier »[40], constitue, pour le parti, l'un des buts essentiels. Une réforme de la fiscalité et de la politique sociale est prévue : elle a pour objet de parvenir à l'augmentation du niveau de vie de la classe ouvrière et à l'écrasement correlatif des revenus de la classe moyenne (au nivellement de ce que le parti socialiste nomme les « inégalités » et à l'abolition de ce qu'il qualifie de « privilèges »).

Cependant si, dans le Projet de 1980, la classe moyenne doit être la principale victime de la promotion de la classe ouvrière, les militants font tout de même appel à la première pour entre-

---

38. *Op. cit.*, page 33.
39. V. *infra*, chapitre 2, section 1.
40. *Op. cit.*, page 36. Le parti socialiste est donc bien un parti essentiellement ouvrier car les buts fondamentaux de son programme sont impérativement fixés et régis par les « exigences du mouvement ouvrier ».

prendre la lutte aux côtés de la seconde. C'est là toute l'originalité du « Projet socialiste » et de la politique conduite d'ailleurs par le pouvoir depuis 1981.

ii) Les acteurs de la lutte des classes

Si, pour accéder au pouvoir le parti socialiste se devait, selon l'expression de M. Mitterand lui-même, de « conquérir le terrain du parti communiste », c'est-à-dire, nous l'avons vu, de proposer une politique marxiste, il ne lui fallait pas pour autant rompre avec sa clientèle social-démocrate. En d'autres termes, il était tout aussi impérieux pour lui, en 1980, à la veille des présidentielles, de faire appel aux électeurs de la classe moyenne.C'est ce qui justifie que le parti socialiste, n'emploie que rarement les termes « d'ouvriers » ou de « classe ouvrière », mais choisit d'utiliser de préférence le terme plus vague de « travailleurs », susceptible de désigner aussi certains membres de la classe moyenne, surtout à l'occasion d'une campagne électorale. C'est ce qui justifie, de même, que le parti socialiste, parti marxiste, ne se réfère jamais au mot « marxisme » qui n'a pas toujours bonne presse, en particulier auprés des sociaux-démocrates. C'est ce qui justifie enfin que, pour faire appel à la classe moyenne, en vue de la faire participer à la lutte ouvrière, le parti socialiste invite les membres de cette catégorie sociale à constituer un « front de classe » contre le grosse bourgeoisie. Ce « front de classe », vaste et flou, n'a véritablement pour objet que de récolter le plus grand nombre de voix possible, au seul bénéfice de la classe ouvrière. Après avoir sans cesse affirmé que la classe ouvrière serait la bénéficiaire exclusive de la politique socialiste, que cette politique aurait pour but « l'intérêt de la grande masse des travailleurs », que le parti se tournait « vers les couches les plus exploitées », le Projet de 1980 fait appel à la classe moyenne pour participer au « front de classe ». Certes, « la classe ouvrière, par sa masse, son rôle dans la production, la nature de ses revendications, est au cœur du processus de changement »[41], mais les ouvertures vers la classe moyenne sont électoralement nécessaires. Le Projet préconise, par conséquent, « un effort patient d'explication, notamment auprés de cadres qu'une prise de

---

41. *Op.cit.*, page 96.

conscience progressive oriente de plus en plus vers la remise en cause du système actuel... Au-delà encore, notre tâche consiste à agréger au bloc des travailleurs les classes moyennes traditionnelles, en déclin relatif mais encore en nombre encore trés important (artisans, petits commerçants) et à trouver avec la masse des petites et moyennes entreprises les voies d'un compromis viable »[42]. En résumé, le « Projet Socialiste » de 1980 veut aboutir à la « construction enfin d'un puissant front de classe rassemblant autour des travailleurs exploités une large majorité de notre peuple »[43],ce qui signifie, en clair, que la classe moyenne est conviée à se joindre à la classe ouvrière — aux « travailleurs exploités » — pour le seul bénéfice de celle-ci.

Il faut croire que l'idée était bonne car une proportion importante des salariés de la classe moyenne a voté, en juin 1981, pour le parti socialiste[44] qui aujourd'hui les dépouille au nom des « travailleurs exploités ».

B — Le programme du Président de la République : « Les 110 propositions pour la France »

Le programme électoral de M. Mitterand est destiné à être effectivement appliqué ; il l'a plusieurs fois affirmé : ses promesses seront tenues. Il convient donc d'envisager les « 110 propositions pour la France », non comme de simples projets, mais comme de futures réalités.

La lecture de ces propositions est édifiante et ne permet aucun doute : leur application représente pour la classe moyenne une incontestable menace remettant en cause non seulement la situation économique mais encore le statut professionnel de la plupart de ses membres.

Bien sûr, le programme du Président de la République ne reprend pas ouvertement les objectifs fondamentaux du «Projet Socialiste » de 1980, pour des raisons électoralistes, en particulier pour ne pas décourager les sociaux-démocrates épris de « changement ». Malgré cette prudence, les 110 propositions

---

42. *Op. cit.*, page 96.
43. *Op. cit.*, page 96.
44. Déjà la proportion était de 62 % pour M. Mitterand, lors des présidentielles (V. article de M. J.M. Colombani, *Le Monde* 20 février 1982). Cette proportion s'est donc accrue aux législatives.

reprennent expressément les principales mesures du Projet Socialiste de 1980[45] qui devaient s'appliquer durant la période qualifiée par ce Projet de « phase transitoire au socialisme »[46], période essentiellement consacrée au « renversement durable de forces entre les classes ».

Ces principales mesures sont les suivantes :

— *Nationalisation des groupes dominants de l'économie :*La proposition n° 21 du programme de M. Mitterand le prévoyait formellement ; cette proposition a déjà été adoptée.

— *Transfert aux « travailleurs » des pouvoirs de contrôle et de gestion des activités économiques ou administratives de la nation* : les propositions n° 60 à 63 projettent ce transfert à des organes délibérants dominés par les « travailleurs », chargés de diriger la nouvelle « démocratie économique »[47]. La proposition n° 90 envisage l'instauration de « Conseils de gestion démocratiques » aux différents niveaux de l'Education nationale[48].

— *Nivellement des revenus au profit de la classe ouvrière,* pour aboutir progressivement à la suppression des classes : les propositions n° 31 à 35 relatives à la « justice sociale » prévoient la réduction de l'éventail des revenus par le relèvement du SMIC, l'allègement des impôts des petits contribuables et l'augmentation correlative de ceux des gros contribuables ,l'impôt sur les grandes fortunes, le plafonnement du quotient familial. La proposition n° 84 projette une fiscalisation de la sécurité sociale.

Toutes ces propositions constituent la mise en œuvre des principales mesures nécessaires, selon le Projet Socialiste de 1980,

45. D'ailleurs le parti socialiste avoue clairement la parenté entre le « Projet Socialiste » de 1980 et les 110 propositions. Dans la publication et la présentation des « 110 propositions pour la France », par le parti socialiste, il est écrit, en introduction : « Nous avons rassemblé ici, dans cette deuxième partie de notre manifeste, les principales propositions, tirées de l'inventaire des quelque trois cent cinquante mesures arrêtées par le Parti socialiste dans son Projet de janvier 1980 et dans les textes qui ont suivi ». *Le Poing et la Rose*, février 1981, page 12.

46. Sur cette « phase transitoire », v. *Le Poing et la Rose*, n° 85, pages 35 et 37.

47. Ces propositions seront examinées en détail dans le chapitre 3 de cette partie, v. *infra* : « La menace de l'égalitarisme socio-professionnel ».

48. La loi Savary a déjà mis en œuvre cette proposition dans le domaine de l'Université qui se trouve aujourd'hui effectivement « soviétisée ». V. *infra*, chapitre 3.

pour parvenir au changement de société. A l'exception des nationalisations qui intéressent la classe capitaliste, leur application devrait conduire au déclin de la classe moyenne. La situation matérielle de ses membres, à la suite de cette application, tendra inévitablement à se rapprocher de celle des «travailleurs», par un abaissement considérable de leur niveau de vie, consécutif au poids de la fiscalité et des charges sociales. De même, leur statut professionnel risque de se détériorer définitivement par le transfert de la plupart de leurs prérogatives et de leurs pouvoirs à des institutions collégiales dirigées par les « travailleurs ».

Ces considérations ne sont pas de simples hypothèses : nous verrons que certaines de ces menaces se sont déjà réalisées et que, par une application abusive du programme du Président de la République, le gouvernement conduit, en fait, une politique de classe à l'encontre de la classe moyenne[49].

§ 2. *Les intentions des dirigeants et des militants durant la période de « l'état de grâce »*

Nous pouvons considérer que la période de « l'état de grâce » a duré environ un an et que la France a nettement changé d'état lorsque la perspective, même discrète, de mesures de rigueur est soudainement apparue, c'est-à-dire dès l'avant-projet du budget 1982-83. Les français ont alors brutalement compris que le gouvernement avait conduit une politique irresponsable de gaspillage, une politique déraisonnable qui fondait essentiellement la prospérité de notre économie sur une diminution du travail et sur une augmentation des salaires et des prestations sociales. Les résultats n'étaient plus cachés : endettement massif de la France, déséquilibre de la balance commerciale, nécessité d'une dévaluation, épuisement des réserves... En moins d'un an, le rêve socialiste était déjà consommé.

Il va de soi que, durant cette période d'euphorie, les intentions des militants socialistes, telles qu'elles résultaient des statuts du parti ou du Projet de 1980, furent ouvertement renou-

---

49. V. *infra*, chapitres 2 et 3 relatifs à « La menace de l'égalitarisme économique » et à « La menace de l'égalitarisme socio-professionnel ».

velées. Pour ces militants, tout était encore possible puisque la France était riche et que les caisses de l'Etat possédaient des réserves accumulées pendant plus de vingt ans. Ils ne se privèrent donc pas de déclaration d'intentions, surtout durant l'année 1981.

Le Congrès de Valence, du mois d'octobre 1981, fut, sur ce point, un exemple édifiant. La « lutte des classes » y fut exaltée, la bourgeoisie fut menacée, les hauts-fonctionnaires aussi.

La presse a tellement commenté ces propos irraisonnables et anachroniques qu'il paraît inutile d'y revenir en détail. Ce congrès adopta sous forme d'un « appel au peuple de France » une motion en définitive, modérée. Elle jette les bases de ce que l'on a qualifié de « compromis » entre le pouvoir et le monde capitaliste.

A la vérité, les socialistes n'ont jamais prétendu que la transformation de la société se ferait en un jour. ils ont, au contraire, affirmé qu'elle serait progressive. Les dirigeants du parti, en imposant le « compromis », ont simplement rappelé aux militants de Valence qu'il n'était pas possible d'obtenir cette transformation dans l'immédiat mais que le pouvoir, ayant la certitude de la durée, la réaliserait petit à petit. Cela résulte d'ailleurs des propositions du « Projet Socialiste » de 1980 qui se qualifiait lui-même de « graduel »[50] et qui prévoyait une première étape dans la mise en œuvre de la transformation totale de la société, dite « période transitoire ». Cette première étape nécessaire devait avoir essentiellement pour objet, selon le « Projet Socialiste », de renverser le rapport de forces entre les classes et de mettre en œuvre une « nouvelle logique » de développement[51]. « Ce qui caractérise la période de transition ainsi ouverte, ajoutait le Projet, c'est la substitution de l'hégémonie de la classe des travailleurs à celle de la bourgeoisie »[52]. Dans la période transitoire, il était prévu que ce renversement pourrait se faire notamment au moyen des nationalisations des grandes entreprises[53]. Bien avant l'adoption de la politique dite de « compromis », le parti socialiste avait donc projeté cette

50. *Le Poing et la Rose*, n° 85, page 35.
51. *Op. cit.*, page 35.
52. *Op. cit.*, page 37.
53. *Op. cit.*, page 35.

période transitoire impliquant « à travers la conquête du pouvoir politique et économique (ou du moins des « hauts de l'économie ») un renversement préalable du rapport des forces sociales ».

Il ne faut, par conséquent, pas s'étonner qu'au Congrès de Valence, en pleine fureur partisane, un « compromis » avec les acteurs de la société libérale — à l'exception des groupes nationalisables — ait été préconisé par les dirigeants et certains militants. Tout cela fait partie du programme socialiste que le gouvernement appliquait méthodiquement depuis mai 1981.

§ 3. Les intentions actuelles des dirigeants et des militants

A la fin de l'été 1982 s'acheva la période dite de « l'état de grâce ». La préparation du budget 83 imposait, en effet, la rigueur. La Président de la République lui-même en donna le coup d'envoi le 27 septembre 1982, dans son discours de Figeac. Ce discours marque le début du réalisme économique et l'abandon des allusions aux rêves du « socialisme à la française ».

Il va de soi qu'un tel revirement dans la politique économique — que devait concrétiser le budget de 83 — ne pouvait plus permettre aux dirigeants et militants de se référer constamment au « Projet Socialiste » de 1980, ni à ses objectifs marxistes, ni à sa doctrine de classe. Le réalisme imposait, pour sauvegarder la production nationale, une politique de soutien aux entreprises accablées de charges, dont le revenu ne faisait que décroître, surtout depuis l'avènement du nouveau pouvoir[54].

Il convenait de ne plus invoquer la lutte ouvrière contre la classe capitaliste, afin de ne pas souligner la contradiction entre l'attitude des dirigeants socialistes et leurs engagements de militants.

Mais le brusque silence doctrinal des dirigeants et militants s'explique aussi par d'autres raisons, en particulier par la néces-

---

54. V. l'article de M. F. Simon, *Le Monde* du 15 octobre 1983 : « Le revenu disponible des entreprises s'est considérablement dégradé depuis dix ans ». L'auteur écrit à ce propos : « Le gouvernement de M. Mauroy, installé en juin 1981, accentua ce déséquilibre dans de fortes proportions... Les discours officiels, dont celui du Président de la République à Figeac, le 27 septembre 1982, insistèrent sur la nécessité d'alléger les charges des entreprises... On admettait, sans le dire encore, que le partage du revenu national devait se faire en faveur des entreprises ».

sité d'une certaine prudence verbale à l'égard de l'électorat socialiste. Toute déclaration partisane excessive pourrait avoir pour effet de décourager les modérés, les sociaux-démocrates du parti. D'autre part, toute allusion aux « changements » promis par le « Projet socialiste » aurait pour résultat d'aggraver l'amertume des marxistes du « peuple de Gauche », déçus par les dures réalités.

Il devient donc nécessaire, ainsi que le préconise le Président de la République lui-même de ne plus invoquer la « lutte des classes » ni le « changement de société » mais de s'exprimer de façon plus réaliste, de « parler plus prés des faits », selon l'expression de M. Michel Rocard.

Cette discrétion soudaine constitue-t-elle l'abandon de tout projet socialiste ? Dirigeants et militants sont-ils devenus de simples gérants de la crise ? Il serait faux et dangereux de le croire. Les dirigeants ont toujours l'intention profonde d'appliquer les « principes de la Gauche » et de parvenir au changement de société pour lesquels ils ont tant milité. De récentes déclarations du Président de la République et du Premier Ministre en témoignent[55].

C'est la raison pour laquelle, depuis la fin de 1982, dirigeants et militants insistent à tout propos et constamment, sur la nécessité de la « justice sociale » ou de la « solidarité » qui doit aboutir à la réduction des « inégalités » et des « privilèges ». Cette prétendue « justice sociale » peut permette de présenter, sous un aspect plus louable, le matraquage fiscal et parafiscal que le gouvernement est contraint de faire subir aux titulaires de revenus moyens ou élevés.

Il n'est donc pas exagéré de dire que la « justice sociale » et la « solidarité », objectifs partiels du programme socialiste, sont provisoirement devenus ses objectifs principaux, car ce sont les seuls qui permettent de justifier, sans contradiction

---

55. M. Mitterrand, au début du mois de novembre 1983, a réaffirmé, lors de son voyage en Poitou-Charentes, que les objectifs de changement n'étaient pas abandonnés. Quant à M. Mauroy, dans l'émission télévisée « Rencontre avec », du 11 novembre 1983, il a aussi fait état des grandes idées de la Gauche et de la nécessité de les appliquer. Enfin, dans une récente interview, *Libération* du 10 mai 1984, M. Mitterrand réaffirme son intention d'appliquer à l'avenir le Projet Socialiste : « Le Projet qui m'inspire est celui que j'ai eu l'honneur de conduire au pouvoir, le projet socialiste. Je lui reste fidèle ».

apparente, la politique économique actuelle. Quant aux but primordiaux du Projet socialiste — le changement de société et la suppression des classes — il n'en est plus question pour l'instant, car le rappel de ces buts-là, loin de la justifier, s'opposerait à la politique suivie depuis décembre 1982.

Ces considérations sont importantes pour l'avenir de la classe moyenne : on assiste, depuis le temps de la rigueur et de l'austérité, à un véritable « changement du changement ». En 1981, la politique socialiste consistait à porter atteinte à la fois aux intérêts de la classe capitaliste « dirigeante », par une augmentation des charges des entreprises et du capital, et aux intérêts de la classe moyenne par un nivellement des revenus au nom de la « justice sociale » et de la « solidarité ». Les mesures prises à l'encontre de ces deux catégories sociales étaient bien dans le droit fil du Projet socialiste : elles constituaient des étapes vers la « suppression des classes » au profit de la seule classe ouvrière. A la fin de 1982, le capitalisme devant être ménagé, voire renfloué, seule, l'action de « justice sociale » à l'encontre de la classe moyenne pouvait donc être poursuivie. Pour masquer cette imprévisible mais nécessaire volte-face à l'égard de l'entreprise — celle-ci devenant soudain, selon le Président de la République, une priorité « qui commande toutes les autres » — les dirigeants socialistes ont alors été contraints de promouvoir au tout premier rang les objectifs de « solidarité » ou de « justice sociale ». La classe moyenne, et elle seule, fait ainsi les frais de cette nouvelle politique. C'est elle qui, selon le gouvernement, devra supporter tout le poids de la fiscalité et des charges sociales[56]. C'est elle qui est désormais sur la sellette, accusée de vouloir conserver ses privilèges catégoriels et maintenir de honteuses inégalités.

Pour illustrer ces affirmations, nous nous bornerons à citer les déclarations les plus récentes des personnalités les plus importantes du parti socialiste.

D'abord, il convient de résumer brièvement les propos du Président de la République, premier personnage de ce parti. Le jour-même où M. Mitterrand annonçait aux français la fin des illusions et leur faisait entrevoir la rigueur, il insistait, au cours de son voyage en Midi-Pyrénées, sur la nécessité de

---

56. V. *infra*, chapitre 2.

réduire les « inégalités » et présentait cette réduction comme une « condition » de l'unité nationale[57]. Peu aprés, dans une interview accordée au journal « *Le Monde* », le Président de la République annonçait la nouvelle politique de « justice sociale » qu'il conviendrait de mettre en œuvre : « le gouvernement protègera le pouvoir d'achat de ceux qui vivent difficilement. La baisse du pouvoir d'achat de ceux pour qui cette réduction ne représente pas une chute sensible de leur mode de vie ne pose pas le même problème. Les vrais sacrifices ont toujours dans le passé été demandés aux mêmes couches sociales. Il est temps d'agir autrement et de se convaincre qu'il n'y a pas d'effort national possible sans le préalable de la justice sociale. Cette règle de conduite inspirera le gouvernement... Ce sont, je le répète, les mêmes couches sociales qui ont fourni jusque-là l'essentiel des sacrifices. Inverser la tendance suppose une bonne dose d'énergie... et une dose égale de sagesse »[58]. *Cette interview donne en quelque sorte le coup d'envoi d'une nouvelle politique tendant à faire délibérément peser sur la seule classe moyenne toutes les charges de la nation.*

Enfin, le 2 janvier 1983, le Président de la République situait la politique de « justice sociale » parmi les quatre objectifs prioritaires, les trois autres étant la formation professionnelle des jeunes, la famille et l'entreprise[59]. « L'axe » de la nouvelle politique demeurait évidemment la « justice sociale ». Le mérite de cette présentation globale des objectifs, c'est qu'elle permettait là encore de comprendre qui serait appelé, à l'avenir, à supporter le poids de la « justice sociale » et de la « solidarité ». Depuis lors, le Président de la République a constamment renouvelé ses appels à la « justice sociale » et à l'automne 83, au cours de son voyage en Poitou-Charentes, il a souligné les « profondes inégalités » qui séparent encore les français, ce qui laisse présager une aggravation prochaine des charges pesant sur la classe moyenne. Enfin dans son interview du 10 mai 1984, il a rappelé ses objectifs de « justice sociale », visant à la réduction des « injustices » et des « privilèges ».

---

57. V. le compte rendu, dans « Un nouveau contrat pour les ''forces vives'' du pays », par J.M. Colombani, *Le Monde*, 29 septembre 1982.
58. *Le Monde* du 26 novembre 1982.
59. *Le Monde*, 4 janvier 1983 — V. à ce propos, les commentaires de M. J.-M. Colombani.

Le Premier Ministre ne fait que reprendre les thèmes du Président de la République. Dans une récente émission télévisée, M. Mauroy n'a pratiquement parlé lui aussi que de « justice sociale » et de « solidarité ». Il a reconnu que la crise gène la mise en œuvre du programme socialiste, mais qu'il convient toutefois d'appliquer la « justice sociale » et la « solidarité » envers les travailleurs les plus démunis même si cela n'était pas conforme aux règles économiques, au « langage d'un économiste »[60].

Enfin M. Delors, commentant le futur budget de 1984, dont les mesures fiscales accablent littéralement les membres de la classe moyenne, s'en est félicité, car, a-t-il dit, « on assiste aujourd'hui à un redéploiement au nom de la justice sociale »[61].

En résumé, nous le voyons, les intentions des dirigeants du parti socialiste et des militants qui les approuvent, ont évolué. De la lutte anti-capitaliste des périodes électorales et de « l'état de grâce », on est actuellement passé à la mise en œuvre de la « justice sociale », invoquée à tout propos, qui explique tout et commande tout. Cette nouvelle politique socialiste est essentiellement tournée contre la classe moyenne et l'on peut valablement se demander si la « justice sociale » ne va pas permettre la réalisation, aux dépens de cette catégorie sociale, de l'égalitarisme économique si cher aux militants socialistes.

60. Emission « Rencontre avec », du 11 novembre 1983.
61. V. « Le projet de loi de finances pour 1984 — Au nom de la justice sociale », commentaire de M. F. Simon, *Le Monde*, 16 septembre 1983.

CHAPITRE DEUXIEME

LA MENACE
DE L'EGALITARISME ECONOMIQUE

Depuis la fin de 1982, le Président de la République, le gouvernement et les militants de la majorité dénoncent régulièrement « inégalités » et « privilèges ». Pour réduire ces « inégalités » ou « privilèges », le nouveau pouvoir a mis en œuvre une politique intensive de « solidarité sociale » : accroissement important du niveau de vie des « smicards » et abaissement corrélatif de la situation économique de tous les autres groupes sociaux, allant d'une légère diminution du niveau de vie des ouvriers jusqu'à l'effondrement brutal du niveau de vie des membres de la classe moyenne[1].

Compte tenu de ces résultats, il est permis de se demander si le gouvernement poursuit effectivement une politique de solidarité sociale, ou s'il ne vise pas, en réalité, sous le couvert de cette prétendue solidarité, au nivellement pur et simple des catégories sociales. En d'autres termes, la perspective de la solidarité sociale et l'invocation de prétendues inégalités, ne sont-elles pas des prétextes avancés en vue d'établir un égalitarisme éco-

---

1. V. *infra*, paragraphe 2.

nomique qui constitue toujours le but essentiel de la lutte des classes ?[2]

La réponse à cette question, fondamentale pour l'avenir de la classe moyenne, se trouve dans les mesures économiques prises par le gouvernement, depuis 1981, et surtout dans l'élaboration de projets dont les pouvoirs publics ont d'ores et déjà dessiné les contours menaçants.

Section Première : Les mesures tendant à l'égalitarisme économique

Il ne faut pas confondre solidarité sociale et égalitarisme :

— La solidarité sociale consiste en une répartition plus équitable des revenus nationaux, compatible avec les disparités de la société libérale, c'est-à-dire en une répartition respectant certaines échelles de valeurs et tenant compte de l'effet moteur du profit. La solidarité sociale ne doit pas remettre en cause les disparités qui procèdent des structures ou du fonctionnement de la société libérale, telles, par exemple, que l'indispensable profit des entrepreneurs ou le nécessaire éventail des salaires. *Cette solidarité ne concerne que la compensation des injustices, c'est-à-dire des inégalités qui ne jouent pas un rôle essentiel dans l'ordre économique national.*

— L'égalitarisme, au contraire, poursuit un but doctrinal. Il vise à la disparition définitive de toutes disparités — improprement qualifiées « d'inégalités » ou de « privilèges » — en vue de l'uniformisation de la société par une disparition pure et simple des classes. En préconisant la « suppression des classes », les statuts du parti socialiste, comme ceux du parti communiste, poursuivent nécessairement un but égalitariste. Celui-ci conduit, par conséquent, à un changement radical de société,

---

2. C'est, en effet, l'égalitarisme qui est, seul, de nature à « supprimer » les classes. Les statuts du parti socialiste comme ceux du parti communiste ont pour but, rappelons-le, de supprimer toutes les classes, donc de faire disparaître les disparités tant économiques que socio-professionnelles qui participent à la distinction des catégories sociales. C'est précisément cela que l'on appelle égalitarisme.

de la société libérale en une société collectiviste, de type socialiste ou communiste. Il est malheureusement possible de penser que le pouvoir actuel a la possibilité de réaliser petit à petit ses objectifs de classe en jouant habilement sur des finalités équivoques. Le chemin qui conduit à l'égalitarisme, et, par voie de conséquence, au collectivisme, passe par des mesures qui, réduisant les disparités libérales, peuvent être habilement présentées comme des mesures tendant à l'atténuation des injustices ou des inégalités sociales. En d'autres termes, il est aisé de qualifier de « solidarité sociale » une approche de l'égalitarisme, à condition que celle-ci soit progressive et mesurée. L'aveu de la recherche de l'égalitarisme et de la lutte des classes présente un risque électoral certain pour la coalition socialo-communiste. C'est donc dans la voie d'une prétendue « solidarité sociale » que le gouvernement actuel s'est délibérément engagé, aux dépens de la classe moyenne, vouée, par le fait-même, à un irrémédiable déclin.

Les mesures économiques qu'il a déjà prises, depuis sa mise en place en 1981 l'attestent : elles révèlent le choix d'une méthode incompatible avec l'idée de solidarité sociale telle qu'elle résulte des nombreuses études la concernant.

§ 1. Le problème de la mise en œuvre de la solidarité sociale

La mise en œuvre de la solidarité sociale, en vue de la réduction des véritables inégalités, est un problème qui ne date pas du « changement ». Il a donc fait l'objet, depuis longtemps, d'études sérieuses confiées à des organismes ou des Instituts d'Economie ou de Statistiques. D'une façon générale, ces études se montrent assez réservées sur les effets probables de la réduction des inégalités, compte tenu de l'interdépendance des matières économiques. Les rapporteurs sont unanimes à considérer que la réduction des inégalités ne doit pas se faire de manière brutale pour éviter que les conséquences secondaires des mesures de solidarité ne remettent en cause l'équilibre économique de la société libérale et le niveau de vie de l'ensemble des Français. Les économistes eux, mettent l'accent sur la nécessité de prendre en considération les facteurs conjoncturels, avant d'adopter toute mesure de solidarité sociale.

A — La nécessaire progressivité

Les économistes mettent en garde les hommes politiques contre toutes mesures brutales de solidarité sociale. Certaines études ont envisagé quelles seraient, sur les revenus des français — et notamment sur ceux des membres de la classe moyenne — les conséquences directes d'une correction instantannée des inégalités, tout en formulant les plus expresses réserves sur les risques économiques indirects. C'est ainsi, par exemple, que le « deuxième rapport sur le revenu des français » envisage et chiffre l'hypothèse puérile qui consiste à vouloir réduire l'éventail des salaires, sans planification sérieuse, en faisant payer « les riches »[3]. Selon ce rapport, « une vision instantanée et statique du partage des revenus consiste à considérer qu'ils forment une masse de dimension déterminée dans laquelle il est possible de découper des parts plus ou moins grosses ; ce qui est attribué aux uns, ampute nécessairement la part des autres ; il suffirait donc, pour réduire l'éventail des revenus de prendre « aux riches » pour donner « aux pauvres »[4]. » En réalité, le calcul chiffré auquel se livrent les auteurs de ce rapport révèle que cette vision naïve aboutirait, si elle était mise en œuvre, à une diminution notable de l'ensemble des revenus et notamment des revenus de la classe moyenne. « On constate que lorsqu'on vise une revalorisation instantanée et un peu marquée des revenus les plus faibles, il faut envisager des taux de prélèvement assez sévères, ou bien réduire non seulement les trés hauts revenus mais aussi descendre jusqu'à des revenus moyens »[5].

D'autres études ont confirmé ce point de vue. Un article récent, intitulé « Inégalités de revenus et austérité »[6], formule des réserves sur les risques économiques que présente une ampu-

---

3. « Deuxième rapport sur le revenu des français », C.E.R.C., Albatros, 4ᵉ trimestre 1979, page 122 et ss.
4. Op. cit., page 122.
5. Op. cit., page 125. En note n° 25, le rapport montre qu'une augmentation assez sensible du plancher des revenus aboutit, pour être réalisée, à des prélèvements sur des revenus « à peine supérieurs au plancher que l'on souhaite obtenir ». Ce qui est exact. Par exemple, en France, la perte de pouvoir d'achat des ouvriers a été le résultat direct de l'augmentation excessive du SMIC.
6. Article de M. Denis Clerc, « Problèmes économiques », n° 1.838 du 7 septembre 1983, pages 26 et ss.

tation importante des salaires de la classe moyenne pour la mise en œuvre d'une solidarité sociale excessive. Son auteur écrit à ce propos : « Dans une économie de marché, de surcroît ouverte sur l'extérieur, et où l'apport technologique des cadres est souvent essentiel, il est clair qu'on ne peut progresser que modérément dans cette voie »[7]. Et celui-ci prévient pour conclure : « Une politique active de réduction des inégalités et de solidarité pose la question suivante : jusqu'où peut-on aller, dans une économie comme la nôtre, sans perturber profondément ses mécanismes de fonctionnement ? En d'autres termes, il s'agit de ne pas jouer les apprentis-sorciers »[8]. Cette étude considère avec juste raison, qu'une politique intensive de solidarité sociale risque de remettre en cause le fonctionnement « d'une économie comme la nôtre », c'est-à-dire celle d'une société libérale.

De même, dans le journal « Le Monde », M. J. Méraud, se fondant sur les études de la « Commission des inégalités sociales » de 1975, répond en ces termes à ceux qui proposent de réduire les inégalités par un partage de revenus dans chaque entreprise entre salariés aisés et salariés modestes, ainsi qu'au niveau national entre salariés et non-salariés : « Cette suggestion qui tend à réduire à la fois les inégalités de revenus et l'inégalité devant l'emploi, témoigne d'un souci de solidarité en soi sympathique. Mais il faut voir ce qu'elle impliquerait. Regardons en effet l'échelle des salaires. Il y a peu de monde en haut et beaucoup en bas. Pour financer le maintien du pouvoir d'achat des salariés modestes, il ne suffirait pas de diminuer celui des hauts salariés, en entendant par là quelques milliers de cadres dirigeants ; il faudrait descendre sensiblement plus bas, jusqu'aux contremaîtres, et même, jusqu'à certains ouvriers et employés parmi les plus qualifiés »[9].

En d'autres termes, si l'on fait la synthèse des études consécrées à la solidarité sociale, il apparaît que toute mesure notable et immédiate tendant à une correction des inégalités — ou

---

7. *Op. cit.*, page 28. Nous avons déjà souligné les risques pour la technologie française que présenterait un déclin de la classe moyenne et en particulier de la situation des cadres. V. *supra*, 1e partie.

8. *Op. cit.*, pages 28 et 29.

9. J. Méraud : « Chômage, croissance et inflation », II - « Les limites des réductions d'horaires », *Le Monde* du 28 mai 1982.

plus exactement pour la plupart, de simples disparités — conduit à la réduction des niveaux de vie de tous les français, y compris des ouvriers, c'est-à-dire à un véritable nivellement par le bas de l'ensemble des revenus, à l'exception évidemment de ceux qui sont les bénéficiaires de cette mesure de solidarité. Il va de soi qu'une telle mesure risque aussi d'engendrer des conséquences indirectes trés importantes, telles, par exemple, que des troubles sociaux, le découragement des initiatives, la fuite des cerveaux, la démobilisation technologique ou une modification néfaste des données de la consommation ou de l'épargne[10]. Sur le plan strictement socio-professionnel, cela conduit à une disparition à plus ou moins long terme de la classe moyenne en tant que catégorie sociale spécifique. Il ne s'agit donc plus de solidarité sociale mais d'égalitarisme socialiste procédant d'une idée de lutte des classes.

Il est évident que la progressivité dans la mise en œuvre de la solidarité sociale s'impose pour éviter de tels effets qui en dénature la notion. Cette progressivité doit, par conséquent, être considérée comme étant inhérente au concept même de solidarité sociale, comme appartenant à l'essence-même de celle-ci.

Sur ce point, toutes les études s'éccordent aussi : il faut étaler les mesures de solidarité dans le temps[11]. C'était d'ailleurs la solution adoptée par tous les gouvernements qui ont précédé le « changement » de 1981 et qui sont allés — il faut bien le reconnaître — dans le sens d'une intense solidarité sociale, jusqu'à la limite du possible. Les courbes idéales de rattrapage en témoignent à l'évidence :

---

10. M. J.-P. Dumont, dans son article intitulé « Vers une réduction du salaire disponible en 1982 », prévoit même une conséquence indirecte néfaste de la politique de solidarité dans la classe ouvrière : « En majorant le SMIC seul — écrit-il — le gouvernement va comprimer un peu plus la hiérarchie ouvrière alors que l'efficacité économique et sociale implique un effort salarial en faveur des ouvriers qualifiés », *Le Monde* du 24 juin 1982.

11. « Deuxième rapport sur le revenu des français », *op. cit.*, page 125. V. aussi « La hiérarchie des salaires : hypothèse de modification », pr J.F. Ponsot, « Economie et statistiques », n° 150, décembre 1982, (publication de l'INSEE), page 25. L'auteur met l'accent sur la nécessaire progressivité. Selon lui, il n'y a plus de taux excessif d'augmentation du SMIC « quand on raisonne à moyen terme, c'est-à-dire lorsqu'on examine les possibilités d'une action progressive de plusieurs années pour la réduction des inégalités entre salariés ».

Tableau I
Evolution relative des revenus disponibles
entre 1970 et 1978

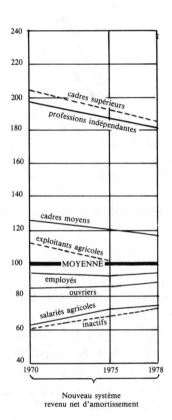

Nouveau système
revenu net d'amortissement

Commentaires du tableau I : Ce tableau met en évidence la tendance régulière et progressive à la diminution des disparités entre les différentes catégories socio-professionnelles, dans le sens de la justice sociale. La lente progressivité du processus a permis d'obtenir des résultats consédirables sans remettre en cause, ni le niveau de vie des individus, ni le fonctionnement de la société libérale.

Source du tableau I : « Deuxième rapport sur le revenu des français », C.E.R.C. (Albatros), 4ᵉ trimestre 1979, page 117.

Tableau II
Evolution relative des revenus
des ouvriers spécialisés et des cadres supérieurs

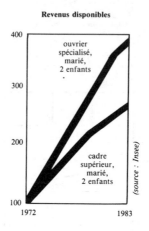

Revenus disponibles

(Valeurs Actuelles du 19 au 25 septembre 1983)

Commentaires du tableau II : Pour les hauts salaires, la diminution des disparités excessives a pu se faire à un rythme plus rapide, à cause de la prospérité de notre économie antérieurement au « changement ». Sur ce plan, l'ancien gouvernement est allé jusqu'aux limites du possible dans le sens de la solidarité sociale, tout en augmentant le niveau de vie de tous les salariés. De 1972 à 1982, le revenu disponible d'un cadre supérieur (marié et deux enfants) a été multiplié par 2,63. Celui d'un ouvrier spécialisé dans la même situation de famille, par 3,61.

Les tableaux ci-dessus montrent clairement que la mise en œuvre de la solidarité sociale a pu se réaliser de manière intense, jusqu'en 1981, sans remettre en cause les fondements de la société libérale. Cela résultait, non seulement de la bonne progressivité de cette mise en œuvre, mais encore — et surtout-des possibilités qu'offrait, en ce temps-là, la relative prospérité de notre économie nationale. Ce n'est plus le cas depuis l'adoption de la politique de « changement ».

B — La nécessaire prise en compte des facteurs conjoncturels

L'affirmation de cette nécessité fait encore l'unanimité des économistes chargés des études relatives à une éventuelle modification de la hiérarchie des salaires. Lorsque la conjoncture est défavorable, il est difficile de concevoir une mise en œuvre intensive de la solidarité sociale, sans bouleverser profondément notre économie libérale. A cet égard, le « Deuxième rapport sur le revenu des français » s'exprime en ces termes : « Il n'est du reste pas sans intérêt de noter que l'accroissement des bas revenus est permis davantage par le développement économique que par une redistribution entre niveaux de revenu »[12]. De même, la Commission des Inégalités Sociales avait insisté, au début de 1975, sur les difficultés auxquelles se heurterait le projet de modification de la hiérarchie des revenus en cas de ralentissement prolongé de la croissance. Il est donc évident que, si l'on restait désormais dans une perspective de croissance économique faible, voire nulle — ce qui est aujourd'hui le cas — « on ne pourrait aller bien loin dans la voie d'un partage du revenu, sans que celui-ci soit ressenti comme insupportable par une large fraction du corps social »[13], en particulier par les membres de la classe moyenne.

Il est regrettable — et même aberrant — que les dirigeants socialo-communistes, et le Président de la République lui-même, continuent à négliger l'indissoluble correlation entre la mise en œuvre de la solidarité sociale et les facteurs conjoncturels. Ils préconisent une politique inverse, en proclamant la nécessité, en temps de crise et à cause de la crise, d'intensifier cette solidarité. De tels propos paraissent contraires au raisonnement économique le plus élémentaire[14]. Il est alors permis de penser que l'invocation de cette solidarité sociale ne constitue qu'un prétexte pour mettre en œuvre, de manière dissimulée, une politique de classe visant à l'établissement définitif d'un certain éga-

1 2. *Op. cit.*, page 126. V. aussi « Inégalités des revenus et austérité », Revue *Problèmes économiques*, n° 1838, du 7 septembre 1983, page 28. L'auteur écrit à ce propos : « Peut-on, aujourd'hui modifier sensiblement la hiérarchie des salaires ? Là encore, la crise modifie la situation. Dans une période de croissance forte, une hausse plus rapide pour les bas salaires que pour les salaires élevés était concevable. C'est, en gros, ce qui s'est passé entre 1968 et 1973. Mais, avec la crise et l'arrêt de la croissance, ce qui est donné aux uns doit être pris aux autres ».

13. J. Méraud : « Chômage, croissance et inflation, II - Les limites des réduction d'horaires », *Le Monde*, 28 mai 1982.

14. Les dirigeants du parti socialiste en sont d'ailleurs conscients. Le Premier Ministre lui-même a reconnu dans une émission télévisée du 11 novembre 1983, qu'il agissait en vertu « d'une autre logique », même si cela paraît contraire au « langage d'un économiste ». Cet autre logique n'est donc pas économique. Il s'agit de la logique de classe. V. à ce propos, *infra*, paragraphe 2.

litarisme. Les mesures économiques effectivement appliquées, depuis 1981, témoignent dans ce sens.

§ 2. *La signification des mesures adoptées par le pouvoir socialo-communiste*

Les mesures économiques adoptées, depuis 1981, par le gouvernement, bien qu'elles soient toujours présentées comme la mise en œuvre d'une « solidarité sociale », ont, en réalité, une tout autre signification. Elles représentent des manifestations évidentes de la politique de classe et constituent des étapes vers l'égalitarisme recherché.

La méthode choisie par le pouvoir ne procède pas d'une simple compensation des injustices : elle conduit au bouleversement, à plus ou moins long terme, des structures et du fonctionnement de la société libérale. Elle vise notamment à la modification progressive de la situation acquise par la classe moyenne.

Il suffit pour s'en rendre compte, de récapituler sommairement l'ensemble des mesures adoptées et d'en évaluer globalement les résultats[15].

Dès son installation, en pleine crise, le nouveau pouvoir inaugure une politique qualifiée de « solidarité sociale » (accroissement brutal des revenus les plus bas et diminution, tout aussi brutale, des autres revenus, allant des revenus moyens aux revenus les plus élevés). Cette nouvelle politique, le gouvernement la poursuit encore aujourd'hui et entend, à l'avenir, la poursuivre. Elle a été conduite et sera conduite sans aucun respect, ni de la nécessaire progressivité des mesures de « solidarité sociale », ni de la nécessaire prise en compte des facteurs conjoncturels de crise. Il ne s'agit donc pas — nous l'avons vu —

---

15. Le but de cet ouvrage ne consiste pas à faire état d'un catalogue exhaustif des diverses mesures adoptées par le gouvernement et notamment des majorations d'impôts ou autres créations de taxes nouvelles. D'ailleurs le nombre et l'ampleur de ces mesures dépasseraient le cadre de ce manifeste. Leurs commentaires supposeraient plusieurs volumes. Les membres de la classe moyenne, pour ce qui les concerne personnellement, sont parfaitement informés des nouvelles dispositions socialo-communistes qui, au demeurant, sont régulièrement inventoriées par la presse.

de la correction de quelques inégalités mais de la mise en œuvre d'une politique planifiée de nivellement des revenus.

C'est ainsi que le pouvoir d'achat du SMIC a connu, en 1982, une forte progression, que celui des ouvriers a diminué légèrement et que celui des cadres s'est littéralement effondré[16]. Le mouvement d'écrasement des revenus moyens n'a fait que s'accentuer en 1983 et s'accentuera davantage en 1984[17].

On pouvait penser, en 1981, que les mesures de relèvement du SMIC ne procédaient que d'une idée de rattrapage. Aujourd'hui, il en va tout autrement. Il est permis d'affirmer que le but poursuivi par le gouvernement consiste à relever constamment les plus bas salaires — méthode qui implique, en temps de crise une diminution correlative et trés importante de tous les autres salaires —. Une telle méthode va à l'encontre de la logique économique du système libéral : le gouvernement situe donc déjà sa réflexion dans un autre système. Cela parait confirmé, d'ailleurs, par le comportement des leaders socialistes et du Premier Ministre lui-même. N'ont-ils pas manifesté, à l'occasion de diverses interviews, leur tendance à rejeter tout raisonnement économique, en déclarant agir en vertu « d'une autre logique » et vouloir poursuivre leur action même si celle-ci venait à contredire le « langage d'un économiste » ? La logique sociale du parti socialiste prévaut donc sur la logique économique ! Les intérêts personnels de la classe ouvrière prévalent aussi sur l'intérêt économique national. Le relèvement constant du SMIC et l'effondrement tout aussi constant du niveau de vie de la classe moyenne, participent à la réalisation du but essentiel du parti socialiste : la suppression progressive de toutes les classes par un certain égalitarisme économique. Les résul-

---

16. V. « Les salaires en 1982 », par F. Bourit, P. Hernu et M. Perrot, Revue *Economie et statistiques*, n° 154, avril 1983, pages 17 et ss., publication de l'INSEE. Le pouvoir d'achat du SMIC a progressé de 4,1 % en 1982, en tenant compte d'une inflation de 9,7 %. Ce qui est trés important. Le pouvoir d'achat du salaire ouvrier a baissé de 0,4 % en 1982. Quant au pouvoir d'achat des cadres, v. *Valeurs actuelles* du 19 au 25 septembre 1983, page 30, qui fait état des chiffres de l'INSEE pour 1982, soit : cadres supérieurs, moins 2,1 %, cadres moyens, moins 1,6 %.

17. Déjà pour 1983, il apparait que le niveau de vie des cadres moyens auré baissé de plus de 3 % et celui des cadres supérieurs de plus de 5 %. En 1984, tout permet d'augurer un effondrement sans précédent dans l'histoire économique de notre pays, en temps de paix, du niveau de vie de la classe moyenne.

tats témoignent que ce parti a choisi la meilleure méthode pour y parvenir, tant sur le plan économique que sur le plan politique :

A — Sur le plan économique

Les mesures déjà prises se sont montrées particulièrement efficaces. Le niveau de vie des cadres moyens, nous l'avons vu, est aujourd'hui à peu prés identique à celui des ouvriers, grâce à l'effet conjugué de la fiscalité et des prélèvements sociaux[18]. Avec la forte progressivité des impôts et l'institution de charges nouvelles, le pouvoir d'achat du salaire des cadres supérieurs ne va pas tarder à se rapprocher aussi de celui des ouvriers. La France est actuellement le pays occidental dans lequel l'éventail des revenus est le plus rétréci, si l'on tient compte de la fiscalité et de la parafiscalité. Cela provient, en particulier, du fait qu'à part les entreprises, seule, une fraction de la population — presque exclusivement la classe moyenne — supporte la charge des impôts. Une étude récente de l'INSEE met en évidence la situation singulière, à cet égard, de notre pays[19]. Cette situation est pratiquement unique dans le monde libéral. A l'étranger, si quelquefois le montant de l'impôt peut être supérieur au nôtre, il n'existe pas une telle concentration de l'effort fiscal sur une seule couche de la population. Le système français est essentiellement conçu en faveur des bas salaires et cela depuis longtemps. La compensation des disparités de revenus au moyen de la fiscalité est donc beaucoup plus importante en France qu'ailleurs.

18. Nous avons vu qu'à la veille des mesures d'austérité, le rapport entre le revenu disponible moyen des cadres moyens et le revenu disponible moyen des ouvriers n'était que de 1,3. Aujourd'hui, depuis la mise en vigueur des mesures nouvelles concernant à la fois la fiscalité et les charges sociales, ce rapport doit donc être voisin de 1.

19. L'INSEE a récemment publié une étude de M. A. Coutière qui dirige le bureau des études fiscales de la direction de la prévision du ministère de l'économie et des finances. Cette étude souligne la légèreté de l'imposition — voire la nullité de l'imposition — dans les premières tranches du barèmes. Les récentes dispositions d'allègement fiscal pour les bas salaires a eu pour résultat qu'il n'y a plus de redevable dans la première tranche du barème au taux de 5 %. (En France, plus de 36 % de contribuables ne paient pas d'impôt). Dans le système français, l'impôt est essentiellement concentré sur un petit nombre de contribuables et il est fortement progressif. V. le commentaire de cette étude, par M. A. Vernholes, « Le poids de l'impôt », *Le Monde* du 15 octobre 1983.

Le nouveau pouvoir qui a pris ses fonctions dans ce contexte, n'a fait qu'aggraver le déséquilibre en allègeant davantage les contributions de la classe ouvrière et en augmentant les charges fiscales de la classe moyenne. Le gouvernement s'en félicite au nom de la « justice sociale » et ne compte pas en rester là.

Ce « redéploiement », dont se réjouit M. Delors, risque bientôt de prendre des proportions considérables. Le nivellement des revenus va désormais s'accentuer par une augmentation notable du nombre des bénéficiaires de la solidarité, si l'on persiste à limiter le domaine d'application de celle-ci aux salaires les plus bas. En effet, les premières mesures en faveur des « smicards » ne concernaient qu'un nombre assez restreint de bénéficiaires car cette catégorie de travailleurs ne représentait, en mai 1981, qu'un pourcentage réduit de la population salariée, soit environ 4 %. En fait, ces premieres mesures se révélaient comme un effort de solidarité envers les travailleurs immigrés qui constituent quasiment le seul groupe de salariés pour lesquels la situation de manœuvre présente un caractère permanent[20]. Cet effort au bénéfice des immigrés n'a pas abouti à un effondrement important du niveau de vie des français modestes. L'augmentation du SMIC n'a directement provoqué qu'une légère baisse du revenu disponible des ouvriers. Mais il n'en sera plus de même à l'avenir, si le gouvernement persiste dans cette voie ! La base des bénéficiaires de la solidarité sociale va s'élargir nécessairement et rapidement. L'aug-

20. V. « Bas salaires : état transitoire ou permanent », par C. Baudelot, Revue *Economie et Statistiques*, n° 131, mars 1981. Cette étude de l'INSEE révèle que cinq ans après leur embauche, 31 % seulement des « smicards » demeurent dans la zone des bas salaires (54 % lorsqu'il s'agit des femmes, mais la même étude ne justifie pas ce résultat sur une moins grande mobilité des femmes, mais sur l'inégalité, à cette époque — entre 1970 et 1975 — entre les salaires des hommes et ceux des femmes). Il existe donc une masse de « smicards » qui demeurent à ce niveau et ne progressent pas. Une autre étude récente permet d'affirmer que cette masse qui n'évolue pas se compose presque essentiellement de travailleurs immigrés car ceux-ci n'obtiennent pratiquement pas de promotion (V. « La promotion professionnelle des travailleurs immigrés en France : des perspectives limitées », par A. Loréal, *Problèmes économiques*, du 13 octobre 1982, n° 1793, pages 19 et ss.). Il résulte de ces constatations que toute augmentation du SMIC profite aux travailleurs français — et aussi aux femmes — de façon trés temporaire, mais surtout aux travailleurs immigrés de façon permanente.

mentation brutale et intense des seuls bas salaires a forcément pour résultat que ceux-ci tendent à rejoindre les salaires qui se situent immédiatement au-dessus. D'où l'augmentation constante du nombre des « smicards ». C'est ainsi qu'à la fin de 1981, les bénéficiaires directs du relèvement du SMIC avaient déjà dépassé les 8 % de la population salariée[21], donc doublé de volume en six mois. Le mouvement de nivellement par la base, si cher aux partis de la majorité, risque de s'accélérer dans une sorte de progression géométrique et donc de coûter de plus en plus cher. S'il n'est pas mis fin à ces mesures excessives de « solidarité sociale », les ouvriers qualifiés, dont la baisse du niveau de vie ne peut que se précipiter correlativement, vont voir dans un avenir proche leur salaire égaler celui des manœuvres magrhébins.

B — Sur le plan politique

Il faut reconnaître que la méthode choisie par le gouvernement est excellente. Elle permet la poursuite, jusqu'à son terme prochain, de la politique de classe des partis socialiste et communsite, en la situant à un niveau parfaitement louable : celui de la « justice sociale ». Ceux qui sont victimes des mesures dites de « justice », étant par hypothèse qualifiés de « privilégiés », n'ont pratiquement aucune possibilité de protester : toute tentative de protestation est immédiatement taxée par les socialo-communistes de « corporatisme » ou de « poujadisme » d'extrême droite. Lors d'un débat sur une récente motion de censure, M. Michel Debré, a fort justement attaqué la politique de classe du gouvernement. La réponse du Premier Ministre ne s'est pas faite attendre : ceux qui critiquent la politique de classe du pouvoir ne le font que pour défendre leurs « privilèges ». La « justice sociale », les « inégalités », les « privilèges », constituent de trés bons slogans et d'excellents prétextes pour conduire jusqu'à son terme la politique de classe du parti socialiste. Ces objectifs ne tarderont pas à être atteints ; surtout si le gouvernement met en œuvre les projets qui sont actuellement à l'étude.

---

21. V. « Les salaires en 1982 », par F. Bourit, P. Hernu et M. Perrot, Revue *Economie et statistiques*, n° 154, avril 1983, page 23. (Source : ministère du Travail).

Section deuxième : Les projets tendant à l'égalitarisme économique

Pour aboutir à l'égalitarisme économique , le pouvoir dispose de trois moyens :

— Le premier moyen consiste à limiter les disparités des revenus primaires. Nous avons vu que le gouvernement s'est déjà engagé dans cette voie par une augmentation brutale et inconsidérée du SMIC, tendant au nivellement des salaires. Le problème des revenus non-salariaux n'est pas encore résolu : les projets sont à l'étude afin d'aboutir, en ce domaine, à l'égalitarisme recherché, notamment pour les revenus primaires des professions libérales.

— Le second moyen consiste à modifier les revenus sociaux de façon à faire jouer davantage une fonction redistributrice. Les projets du gouvernement sont, sur ce point, suffisamment élaborés pour que l'on puisse d'ores et déjà mesurer la terrible menace qui pèse désormais sur l'avenir de la classe moyenne.

— Enfin, le troisième moyen réside dans la fiscalité : il a déjà été, nous l'avons vu, sérieusement utilisé à l'encontre de la classe moyenne mais ce moyen conserve, jusqu'à présent, un caractère essentiellement opportuniste. *Il n'a pas encore fait l'objet d'une planification.* Celle-ci est à l'étude. On connait les grandes lignes de la future réforme fiscale. Elles sont toutes particulièrement néfastes aux intérêts de la classe moyenne.

§ 1. Les projets concernant les revenus primaires des professions libérales

Pour les revenus non-salariaux, la recherche du nivellement suppose une approche différente des moyens pour y parvenir. Car des difficultés surgissent du fait que ces revenus sont variables avec les activités et avec les personnes considérées[22]. Il est, en effet, délicat pour le législateur socialiste de faire état des « inégalités » au sein des professions libérales, pour établir une

---

22. « Inégalités de revenus et austérité », par D. Clerc, *Problèmes Economiques*, 7 septembre 1983, n° 1838, page 28.

« justice sociale » qu'aucun de ses membres ne réclame, aurait-il même un revenu inférieur au SMIC, ce qui est souvent le cas, par exemple, des jeunes avocats. Quant au nivellement des disparités entre les revenus non-salariaux et les revenus salariaux, il va de soi que la grande diversité et le caractère éminemment variable des premiers ne rendent pas facile leur alignement sur les seconds qui se singularisent, au contraire, par leur grande stabilité.

Toutefois, le gouvernement ne s'est pas avoué, pour autant, vaincu. Il a orienté les projets vers un contrôle des prix « intelligent » et « différencié », en vue de « limiter les rentes de situation ». La démarche est, en effet, la seule imaginable pour réduire et niveler les revenus primaires des membres des professions libérales : puisque leurs revenus résultent des prix qu'ils pratiquent, l'action sur les revenus doit découler d'une action sur les prix.

La terminologie consacrée par le pouvoir pour appliquer sa politique de classe a dû s'adapter au caractère spécifique et divers des professions libérales. Le gouvernement n'agit donc plus, en ce qui les concerne, au seul nom de la « justice sociale » : puisqu'il est essentiellement question de prix, il entreprend de « combattre les causes structurelles de l'inflation ». C'est là le nouveau prétexe qui devrait permettre, à plus ou moins long terme, un lent mais sûr déclin des professions libérales telles qu'on les conçoit encore aujourd'hui, déclin d'autant plus irrémédiable que leurs membres ne sont pas qualifiés de « travailleurs » par les statuts du parti socialiste.

Ces considérations ont été à l'origine d'une déclaration d'intention généralisée à l'encontre d'une partie importante des membres des professions libérales : les huissiers, les avoués prés les Cour d'appel, les notaires, les syndics, les avocats au Conseil, les commissaires-priseurs, les greffiers près les tribunaux de commerce, les géomètres et experts-fonciers ainsi que les pharmaciens. Une récente réponse du Ministre de la Justice, dont voici l'essentiel, est, à cet égard significative : « Dans le cadre de la politique de maîtrise de l'inflation dans laquelle il s'est engagé, le gouvernement, après l'adoption de mesures conjoncturelles, a entrepris une action plus générale sur les causes structurelles de l'inflation. Dans cette perspective, le Premier

Ministre a chargé le Ministre de l'Economie et des Finances d'étudier, avec les ministres intéressés, les modes de rémunération des différents services, et au-delà, le cadre statutaire dans lequel ils sont rendus par des professions qui bénéficient à titres divers d'un monopole d'intervention et qui connaissent un numérus clausus. Le Ministre de la Justice a, en conséquence, invité les organismes représentatifs... à lui faire parvenir l'avis de la profession sur la manière dont elle envisage son évolution au point de vue notamment de son accès, du *numerus clausus*, de l'existence d'un monopole d'activité, de la patrimonialité des offices, du contrôle et de la responsabilité »[23].

A la demande du Ministère de la Justice ou des Finances, toutes les professions, correspondant aux critères définis par le Garde des Sceaux, ont été invitées à rencontrer leurs autorités de tutelle qui leur ont demandé de faire des propositions pour que cesse l'aspect « inflationniste » de leurs tarifs ou de leurs honoraires.

Quant à la profession de syndic, elle a effectivement fait l'objet d'un texte « relatif aux mandataires de justice désignés pour les procédures concernant les entreprises en difficulté ». Ce texte prévoit une transformation complète de la profession, voire un bouleversement de son organisation, de ces procédure, de ses méthodes et de ses techniques.

Toutes ces intentions et ces projets visent à diminuer fortement les revenus primaires des professions libérales concernées. Leur mise en œuvre engendrera des difficultés pour les membres de ces professions, d'autant plus grandes que la plupart d'entre eux ont contracté de lourds emprunts pour leur établissement et que leurs nouveaux revenus ne leur permettront plus d'honorer leurs dettes. Il en résultera nécessairement un déclin professionnel : c'est précisément là le but recherché par le pouvoir.

Quant aux autres professions libérales, il va de soi qu'elles subiront, tôt ou tard, de nouvelles menaces[24].

23. *J.O.* 24 mars 1983, réponse à M. Raymond Soucaret, Sénateur du Lot-et-Garonne, à propos d'une question relative aux notaires.
24. La profession médicale a subi récemment de telles menaces. Mais la crainte d'une réaction collective a contraint le ministère communiste à tempérer ses avant-projets. La nature libérale de la profession n'a donc pas été mise en cause pour l'instant.

A travers ces professions, c'est une partie notable de la classe moyenne qui est ainsi vouée à perdre dans une lente mais irremédiable asphyxie, les quelques avantages qui lui confèrent ses caractéristiques, pour ne pas dire son identité, sociales.

§ 2. Les projets concernant la modification des revenus sociaux

Le deuxième moyen pour aboutir au nivellement recherché consiste en une modification des revenus sociaux afin d'accroître leur fonction redistributrice.

C'est en ce sens que le gouvernement projette actuellement une réforme du prélèvement social, conformément aux propositions du « Projet Socialiste » de 1980[25]. Les grandes lignes de cette réforme sont d'ores et déjà connues. Elles visent encore une fois à alléger les cotisations qui grèvent « les plus bas salaires » pour aggraver les prélèvements concernant les revenus moyens ou élevés, aux dépens, par conséquent des membres de la classe moyenne. Deux sortes de mesures doivent permettre la réalisation de ces objectifs : la modification de l'assiette des prélèvements et du mode de calcul de leurs taux.

A — La modification de l'assiette des prélèvements

La première mesure envisagée par la réforme prévoit de donner à l'ensemble du prélèvement social une assiette homogène et générale : celle de l'impôt sur le revenu. Il en résulterait une participation de toutes les catégories sociales au financement de la protection sociale, c'est-à-dire une participation des revenus non-professionnels, tels que les revenus fonciers et les revenus des valeurs mobilières, ainsi que les revenus de remplacement, tels que les retraites, par exemple, ou des revenus complémentaires, tels que les primes ou les indemnités.

25. V. « Le Projet Socialiste », *Le poing et la Rose*, n° 85, page 84. Le Projet déclare notamment : « Mais des réformes importantes sont à prévoir : I) Une intervention plus forte de l'Etat qui... affectera des ressources fiscales à la couverture des besoins des assurés contributifs, prendra progressivement en charge, avec les autres collectivités publiques, sur la base d'une fiscalité rénovée, les dépenses de service public (et en particulier le coût de la santé). 2) Une répartition plus juste et négociée des charges supportées par les assurés (par le déplafonnement des cotisations et l'harmonisation des charges pesant sur les salariés et les non-salariés) ».

Toutefois, cette généralisation du nombre des participants aux charges sociales devrait admettre deux catégories d'exception :

— La première exception concernerait les employeurs. Il est prévu la suppression progressive des cotisations des employeurs. Cela procède de la nécessité actuelle de renflouer l'appareil productif national. Aujourd'hui, les ménages français doivent payer le prix des mesures inconsidérées prises en 1981 et 1982. La réforme envisage donc un transfert de charges, des entreprises sur les salariés et sur tous ceux qui sont assujettis à l'impôt sur le revenu. Le projet du gouvernement prévoit un allègement de la totalité des cotisations d'allocations familiales des entreprises (neuf points) avant 1988[26]. Toutefois, celles-ci ne seraient pas totalement libérées de leurs charges car elles seraient alors contraintes, selon ce projet, d'augmenter les salaires jusqu'à concurrence d'au moins trois points.

— La deuxième exception à la généralisation des participants ne revêt pas un caractère de certitude absolue. En ce qui la concerne, le débat reste encore ouvert. Cependant, tout permet de penser que cette exception sera effectivement proposée par le gouvernement, c'est-à-dire que, seuls, les contribuables qui paient l'impôt sur le revenu, devront acquitter une cotisation sociale. Ceux qui sont exonérés d'impôts, parce que leurs revenus sont jugés trop faibles, seront aussi exonérés de prélèvement social[27]. Cela paraît conforme au but recherché par la future réforme du prélèvement social, « le resserrement de l'échelle des revenus »[28].

Pour parvenir à ce but, le pouvoir socialo-communiste a prévu d'autres mesures, notamment une modification du mode de calcul du taux de prélèvement.

26. Ce qui constitue une « ambition démesurée », selon M. J.-P. Dumont, v. « Une réforme essentielle, la fiscalisation des cotisations familiales », *Le Monde* du 6 novembre 1982. Car cette ambition suppose le transfert, en 5 ans, sur les contribuables d'une somme de 90 millards.

27. Cette solution est déjà effectivement envisagée. V. « Pour une réforme du prélèvement social », Revue *Problèmes économiques*, 6 juillet 1983, n° 1831, par G. Lescure et D. Strauss-Khan.

28. Rapport de la commission du Financement de l'Economie du IXe plan. Selon tous les rapports établis depuis 5 ans, la réforme présenterait un avantage : « La politique salariale en faveur des faibles rémunérations pourra mieux se développer », v. *Le Monde*, 6 novembre 1982, *op. cit.*

B — La modification du mode de calcul du taux de prélèvement

La réforme envisagée devrait conduire à l'uniformisation du calcul du taux de prélèvement. Le prélèvement envisagé sera proportionnel aux revenus, du moins pour ceux qui sont effectivement soumis à l'impôt sur le revenu. Cela sera valable pour toutes les catégories socio-professionnelles.

Selon les experts, « la logique de la solidarité de la réforme conduit à la disparition du plafond »[29] : un tel système aura donc pour effet d'aggraver considérablement la charge de ceux qui disposent de revenus moyens ou élevés. Selon les estimations, « en cas d'application brutale de la réforme, ce serait les revenus de remplacement et les revenus non-professionnels qui seraient le plus pénalisés. Pratiquement exonérés actuellement de toutes les cotisations sociales, ils supporteraient pratiquement sans contrepartie le nouveau prélèvement »[30].

Le projet de réforme menace donc directement tous ceux qui disposent d'une retraite imposable[31] et surtout les non-salariés ayant des revenus moyens ou élevés, tels que les commerçants, les artisans, les exploitants agricoles et les membres des professions libérales.

En d'autres termes, les membres de la classe moyenne vont désormais devoir supporter tout le poids de la solidarité sociale, puisque les entrepriss en seront soulagées[32]. Quant aux membres de la classe ouvrière, ne payant pratiquement pas d'impôts sur le revenu, ils ne paieront donc plus de charges sociales. Tel est bien l'égalitarisme recherché par le pouvoir. La Commission du Financement de l'Economie du IXe plan, dans son rapport d'étape, l'énonce d'ailleurs clairement : « Cette réforme, déclare-t-elle,... permettrait de réaliser le déplafon-

---

29. « Pour une réforme du prélèvement social », *op. cit.*, page 13.
30. *Op. cit.* , page 14.
31. Aujourd'hui, 43 % de personnes retraitées ne paient pas d'impôt. Les autres, ceux qui ont une retraite imposable assez importante — la retraite des cadres, par exemple — vont donc voir leurs charges considérablement augmenter.
32. En particulier, les charges des membres de la classe moyenne vont considérablement s'accroître par l'effet du déplafonnement. « L'appel à la fiscalité heurte les gros contribuables que sont les cadres et exaspère la C.G.C. », *Le Monde*, 6 novembre 1982, *op. cit.*

nement des cotisations et le resserrement de l'échelle des reve-nus, la redistribution s'opérant entre les ménages »[33].

Cet égalitarisme pourrait aller encore plus loin : certains pré-conisent des mesures encore plus radicales dans la dévolution des revenus sociaux. Selon certains experts, en effet, si ceux qui disposent d'un revenu moyen ou élevé devraient nécessai-rement supporter toutes les charges de la solidarité sociale, il serait inéquitable qu'ils en retire un profit équivalent à ceux qui possèdent des revenus faibles. Aussi ces experts envisagent-ils sérieusement, non seulement l'augmentation des prélève-ments de ceux qui disposent de revenus moyens ou élevés, mais encore une diminution correlative de leurs prestations socia-les, au moyen notamment « d'un plafonnement des pensions de retraite », ou de « l'introduction d'un ticket modérateur dif-férencié selon le niveau de revenu pour les remboursements d'as-surances maladie »[34].

Les membres de la classe moyenne devront ainsi supporter, au bénéfice exclusif de la classe ouvrière, toutes les charges de la solidarité sociale, mais verront en contrepartie diminuer leurs prestations par une réduction de leur retraite et du rembourse-ment de leurs frais de maladie. Nous apercevons là toutes les subtilités de « l'autre logique » des socialistes qui considèrent que ceux qui paient le plus de charges doivent nécessairement obtenir le moins de prestations.

§ 3. Les projets concernant une réforme de la fiscalité

Les partis socialiste et communiste ont fondé beaucoup d'es-poir sur une réforme de la fiscalité. Le « Projet socialiste » de 1980 prévoyait une réforme en faveur de la classe ouvrière, tout comme les propositions N° 32 à 35 du Président de la Répu-blique. Cette réforme aura donc lieu dans le seul but de

33. V. « Pour une réforme du prélèvement social », op. cit., page 14. Le dépla-fonnement des cotisations sociales, qui doit aboutir à l'aggravation des char-ges de la classe moyenne, est particulièrement souhaité par les partisans de la réforme. « Le déplafonnement des cotisations sociales permettrait de rétablir une certaine équité dans le financement de ces dépenses », Inégalités de reve-nus et austérité, op. cit., page 28.
34. « Inégalités de revenus et austérité », op. cit., page 28.

« réduire l'éventail des revenus »[35]. C'est en ce sens que le pouvoir en a proclamé le principe et jeté les bases. Celle-ci devrait effectivement conduire au nivellement des revenus disponibles. Les partisans d'un bouleversement des règles de la fiscalité ne cachent pas leurs intentions d'égalitarisme : « Là encore — peut-on lire dans une récente étude[36] — le champ d'action à entreprendre est fort vaste puisque la fiscalité française, tant nationale que locale, ne brille pas par son égalitarisme. Une profonde réforme fiscale est nécessaire, dont on connaît les grandes lignes : réduction de la TVA, alourdissement de l'impôt sur les revenus, suppression du système du quotient familial et des nombreuses déductions et remplacement par des abattements forfaitaires... ».

Si nous nous contentons d'envisager ces « grandes lignes », nous mesurons toute la menace qu'elles constituent pour l'avenir de la classe moyenne. La réduction prévue de la T.V.A.[37], qui représente aujourd'hui l'impôt le plus important, devra être normalement compensée par un prélèvement considérable sur les revenus. Par hypothèse, la classe ouvrière ne payant quasiment pas d'impôt et le gouvernement ayant le souci de ménager désormais les entreprises, ce sont encore les membres de la classe moyenne qui supporteront tout le poids de cette mesure.

L'alourdissement de leur charge fiscale devrait aussi résulter de la suppression du système du quotient familial[38]. On sait, pour les revenus moyens ou élevés, le rôle fondamental que joue ce coefficient. Sa suppression pourrait, dans certains cas, aboutir à une majoration des impôts de plus de 100 % pour

---

35. Proposition n° 35 du Président de la République : « L'impôt direct sera allégé pour les petits contribuables, renforcé pour les gros revenus de manière à réduire l'éventail des revenus... ».

36. « Inégalités de revenus et austérité », *op. cit.*, pages 28 et 29. De même, M. Lionel Jospin, durant « l'état de grâce », préconisait aussi avec beaucoup de force une « action résolue » contre les inégalités dans le domaine fiscal (Commentaires de M. A. Rollat dans *Le Monde* du 19 juillet 1982). Selon M. Jospin « la fiscalité actuelle a été tournée par les classes dirigeantes et les privilégiés ».

37. La proposition n° 32 de M. Mitterrand prévoit même que, « pour les produits de première nécessité » les taux de la TVA « seront ramenés au taux zéro ». Si le Président tient les promesses du candidat, il en sera donc ainsi.

38. La proposition n° 33 de M. Mitterrand prévoit la suppression du quotient familial par enfant. Cela sera donc réalisé.

les membres de la classe moyenne, déjà écrasés par l'accroissement de tous les autres prélèvements. Une majoration d'une
telle ampleur s'explique aisément. L'exceptionnelle progressivité des impôts français — de beaucoup la plus forte progressivité du monde — a été calculée précisément en tenant compte
de l'existence de ce coefficient familial. Supprimer celui-ci, sans
modifier correlativement cette progressivité, risque alors de rendre le système français aberrant, voire inapplicable dans certains cas. C'est pourtant ce que prévoient les socialistes ![39]

Enfin, dernière mesure prévue par la réforme fiscale : le remplacement des déductions par un abattement forfaitaire. Il va
de soi que le montant de cet abattement sera calculé de manière
à satisfaire la classe ouvrière aux dépens de la classe moyenne,
c'est-à-dire de manière à diminuer les impôts des quelques rares
ouvriers qui les paient encore et d'aggraver les impôts de ceux
qui disposent de salaires moyens ou élevés[40].

Nous ne savons pas si une telle réforme de la fiscalité pourrait être actuellement appliquée sans susciter des troubles
sociaux. Il est évident que le gouvernement, conscient de cela,
et surtout pour des raisons électoralistes, n'ira pas, dans l'immédiat, jusqu'au bout de ses intentions égalitaristes. Pour qu'il
en soit ainsi, il faudrait imaginer une victoire de la majorité

39. Sur le plan démographique, une telle mesure risque aussi d'avoir des effets néfas-
    tes. En effet, les manœuvres — donc les immigrés — ne paient pas d'impôt
    et perçoivent des prestations familiales de plus en plus élevées (elles le seront
    encore plus à l'avenir, le Président de la République ayant récemment demandé
    des mesures de stimulation de la fécondité à partir du 3e enfant). Pour les immi-
    grés, cette stimulation obtient déjà des résultats au-dessus de toute espérance.
    Au contraire, pour la classe moyenne, presque exclusivement composée de fran-
    çais, nous l'avons vu, la réforme fiscale projetée va certainement aggraver la
    faiblesse de la fécondité. Alors que l'enfant aura tendance à devenir un revenu
    pour les immigrés, il constituera un luxe pour les français. D'où le risque de
    voir, à plus ou moins long terme, un déséquilibre dangereux s'instaurer, en
    France, entre la jeunesse française et la jeunesse étrangère.
40. Les impôts sur le revenu bénéficient aujourd'hui d'un abattement proportion-
    nel ou font l'objet de déductions résultant des frais professionnels. L'abatte-
    ment proportionnel représente, si le salaire est élevé, une somme importante.
    A l'avenir, on ne pourra déduire du salaire qu'une somme forfaitaire. Celle-ci
    sera, pour les salaires moyens ou élevés, nettement inférieure à l'abattement
    proportionnel. Au contraire, celui qui disposera d'un bas salaire, pouvant
    déduire la même somme forfaitaire, tombera inévitablement dans la tranche
    des revenus non-imposables. Bientôt, par conséquent, plus aucun membre de
    la classe ouvrière ne paiera d'impôt.

socialo-communiste aux élections législatives de 1986 et que celle-ci bénéficie, par conséquent, d'un renouvellement de la confiance populaire : *il appartiendra donc aux membres de la classe moyenne de mettre un terme électoral à ces objectifs aberrants, d'autant que la menace de cet égalitarisme économique se double aujourd'hui de la menace d'un égalitarisme social.*

CHAPITRE TROISIEME

LA MENACE DE L'EGALITARISME SOCIO-PROFESSIONNEL

Les cadres et les petits et moyens patrons de l'industrie, du commerce et de l'agriculture sont directement menacés, non seulement dans leur situation économique, mais encore dans leur statut socio-professionnel. Leurs prérogatives ou leurs pouvoirs de décision sont remis en cause par la politique actuelle qui projette de les attribuer désormais à la « masse des travailleurs », chargée du contrôle ou de l'autogestion de toutes les activités sociales. Cette « démocratisation » et cette « décentralisation » du pouvoir de décision devrait ainsi conduire à l'égalitarisme socio-professionnel, les prérogatives des cadres et des patrons se diluant au sein d'organes délibérants dominés par des ouvriers.

Cette remise en cause du statut socio-professionnel de la classe moyenne ne doit pas être prise à la légère : elle procède d'une doctrine politique clairement avouée par les socialo-communsites. Cette doctrine a déjà fait l'objet d'un commencement de mise en œuvre, manifesté par l'existence de certaines applications ou tentatives d'applications pratiques et de certains projets en voie d'élaboration.

Section première : La doctrine de l'égalitarisme socio-professionnel

Paradoxalement la menace d'un égalitarisme socio-professionnel provient davantage de la doctrine du parti socialiste que de celle du parti communiste. Il va de soi que, si les communistes pouvaient appliquer intégralement les principes du marxisme-léninisme qui représentent la loi du parti, les petits et moyens patrons ne conserveraient pas, en France, les pouvoirs de gestion qui sont les leurs. Cependant, il faut le reconnaître, les communistes sont aujourd'hui plus respectueux de l'organisation hiérarchique de la société que les socialistes. Leur attitude durant les évènements de mai 1968 en constitue le témoignage.

C'est donc encore une fois vers la doctrine du parti socialiste, parti majoritaire et présidentiel, qu'il convient de se tourner puisque celle-ci préconise ouvertement l'égalitarisme socio-professionnel.

Cela résulte, tout d'abord, de ses statuts. Ceux-ci prévoient, en effet, la « démocratisation économique et politique de la société ». Ces termes, pour les socialistes, signifient que les « travailleurs » doivent activement participer au contrôle et à la gestion de la société et que l'exercice du pouvoir de décision doit appartenir à des organes délibérants composés de ces mêmes « travailleurs », et ce, « dans les entreprises, les Universités comme dans les collectivités à tous les niveaux »[1]. Tous ceux qui détiennent actuellement des prérogatives ou des pouvoirs résultant de leur capital ou de leurs compétences techniques — les petits ou moyens patrons ou les cadres, par exemple — devront les transmettre à ces organes délibérant au nom de la masse des « travailleurs ». La doctrine de la démocratisation économique et politique s'apparente donc à l'égalitarisme socio-professionnel.

Pour parvenir à la consécration de cet égalitarisme, ultime étape du passage à la future société collectiviste, les statuts du parti proposent à ses militants d'utiliser toutes les voies de la démocratie, c'est-à-dire les possibilités politiques et les possi-

1. Alinéa 6 de la « déclaration de principes » des statuts du parti socialiste.

bilités syndicales. Dans la mise en œuvre de cette « démocratisation » de la société, les syndicats seront appelés à jouer à l'avenir un rôle fondamental. C'est la raison pour laquelle les militants socialistes ont pour mission de « noyauter » les syndicats. L'article 12 est révélateur à cet égard : « Les membres du Parti doivent appartenir à une organisation syndicale de leur profession, à la coopérative de leur localité, s'il en existe une, et à une organisation de défense des consommateurs ». Ces objectifs et ces moyens de « démocratisation » ont été repris et précisés dans le « Projet Socialiste ». Cette « démocratisation » est souvent présentée sous la qualification « d'autogestion » de la société, autogestion par les « travailleurs » évidemment. Ceux-ci devront disposer des pouvoirs de gestion et de contrôle. Ainsi le Projet de 1980 déclare-t-il notamment : « Ce que nous proposons va au-delà de la préservation « d'espaces de liberté » individuels et collectifs, mais touche la capacité effective d'orientation et de contrôle des masses populaires sur les choix économiques et politiques, à tous les niveaux de la société.

« Pour donner à la démocratie un contenu plus avancé, il faut aujourd'hui envisager les libertés non seulement comme des garanties de l'autonomie des individus et des groupes, mais comme participation effective à la décision »[2].

Quant au domaine privilégié de « l'exercice collectif du pouvoir », c'est-à-dire de l'action délibérante des « travailleurs » ou des « masses populaires », il doit concerner non seulement toutes les collectivités, institutions ou administrations décentralisées, mais encore, et surtout, les « usines et les bureaux »[3].

Pour faciliter la réussite de ces objectifs d'autogestion, le Projet de 1980, reprenant les thèmes des statuts du Parti, prévoit aussi une augmentation des prérogatives des syndicats et des associations, car « la conquête du pouvoir passe par l'action collective »[4], ainsi qu'une sorte d'épuration de l'administration tendant à la substitution, aux cadres supérieurs traditionnellement recrutés en raison de leurs compétences, de person-

2. « Le Projet Socialiste », op. cit., page 34.
3. « Le Projet Socialiste », op. cit., page 35.
4. « Le Projet Socialiste », op. cit., page 69.

nes choisies sur d'autres critères, probablement politiques ou syndicaux[5].

Enfin, le programme du Président de la République va de même trés loin dans le sens de l'égalitarisme socio-professionnel : les 110 propositions prévoient la mise en œuvre de la « démocratie économique ». Celle-ci se caractérise notamment par l'existence, dans le secteur public, « d'instances de direction des entreprises », c'est-à-dire d'organes délibérants de contrôle et de gestion, « soit tripartites (collectivités publiques, travailleurs, usagers), soit formés par la cœxistence d'un conseil de gestion élu par les travailleurs et d'un conseil de surveillance »[6]. D'autre part, « des conseils d'unité et d'atelier élus par les travailleurs seront instaurés »[7]. De même, dans le secteur privé l'attribution d'un droit de véto aux comités d'entreprises pour ce qui concerne « l'embauche, le licenciement, l'organisation du travail, le plan de formation et les nouvelles techniques de production »[8], va réduire considérablement les prérogatives des petits et moyens patrons qui n'auront plus le pouvoir de gérer leur entreprise mais qui en conserveront, au contraire, toute la responsabilité matérielle en cas d'échec. Quant aux cadres des secteurs public et privé, leur « participation effective sera assurée et leur rôle reconnu au sein des organismes représentatifs de l'ensemble des salariés : comités d'entreprises, comités de groupes et de holdings dans les entreprises de droit privé, conseils d'administration tripartites, conseil d'unité ou d'atelier dans le secteur public »[9]. Cela signifie que les cadres feront partie des organes délibérants, au même titre et avec les mêmes droits que les « travailleurs ». Ils ne disposeront donc d'aucun pouvoir spécifique résultant de leurs compétences. Minoritaires au sein de ces institutions collégiales,

---

5. « Le Projet Socialiste », op. cit., page 70 déclare : « Il faudra très rapidement démocratiser la haute administration par la transformation des modes de recrutement, de rémunération et de déroulement des carrières ». Cette « démocratisation » a déjà été amorcée par la nouvelle règlementation relative à l'E.N.A. qui prévoit un recrutement fondé, non plus seulement sur les compétences, mais surtout sur des critères syndico-politiques.
6. Proposition n° 62 de M. Mitterrand.
7. Proposition n° 62 de M. Mitterrand.
8. Proposition n° 60 de M. Mitterrand.
9. Proposition n° 63 de M. Mitterrand.

leurs prérogatives seront, en fait, transférées à « l'ensemble des salariés ».

Telles sont les grandes lignes de la doctrine socialiste tendant à l'égalitarisme socio-professionnel.

On peut s'interroger sur le fondement exact de cette doctrine singulière. S'agit-il, ainsi que certains l'ont déjà prétendu, d'une volonté de « soviétisation » de la société, ou bien d'une propension de nature anarchiste à la contestation de toute hiérarchie ? Il y a certainement convergence de ces deux points de vue. « L'autogestion », telle que la conçoit le parti socialiste constitue bien une forme de « soviétisation ». Des conseils de « travailleurs » auraient la charge de gérer toute collectivité politique ou économique, tout organisme ou toute institution et disposeraient de tous pouvoirs de décision. La société serait ainsi, dans cette autogestion, rapidement quadrillée, dans tous les domaines, surveillée, contrôlée, règlementée par ces Conseils « syndico-politiques ». Nous voyons, alors, apparaître la perspective terrifiante des sociétés de l'Europe de l'Est. La « démocratisation » socialiste signifierait, si elle était appliquée, la fin de toute liberté et revêtirait, compte tenu du « noyautage » intensif de tous les rouages sociaux, un caractère irréversible.

Il convient de nuancer ce point de vue. La plupart des dirigeants socialistes ont été formés à l'école de mai 68, et les statuts de 1972 et le Projet de 1980 se sont inspirés davantage de la doctrine anarchiste de 1968 que de la doctrine centralisatrice des pays de l'Est. Le Projet de 1980 en est le témoignage qui, d'une manière non-équivoque, avoue le fondement-même de sa doctrine autogestionnaire. « Le parti socialiste, lit-on dans ce projet, a choisi à Epinay la stratégie de l'Union de la Gauche en raison notamment de la situation du mouvement ouvrier dans notre pays, situation qui demeure et continue à justifier le même engagement. De l'explosion de mai 1968, il a recueilli une bonne part de l'énergie et des aspirations positives »[10]. Quant à « l'autogestion de la société », elle représente précisément l'une de ces « aspirations positives » puisées par le parti socialiste dans l'explosion de mai. Le Projet de 1980 le dit

10. « Le Projet Socialiste », op. cit., page 8, Par ailleurs, ce Projet fait de nombreuses références à mai 1968.

expressément. Aprés avoir souligné que « mai 68 fut en France la révélation la plus éclatante » de la crise d'autorité[11], le parti socialiste s'en félicite ; car cette crise d'autorité va permettre la mise en œuvre de l'autogestion : « Aux yeux du Parti Socialiste, l'existence de cette crise est positive. La remise en cause, même brouillonne, de l'autorité témoigne, en effet, de la profondeur de l'exigence démocratique. A condition qu'elle aille jusqu'à son terme : l'avènement d'une démocratie nouvelle... C'est toute l'entreprise du socialisme autogestionnaire que de fonder sur des bases nouvelles la responsabilité des hommes, des producteurs et des citoyens »[12]. Il apparaît ainsi clairement que les mesures d'égalitarisme socio-professionnel préconisées par le Projet du parti socialiste et par les propositions de M. Mitterrand lui-même, puisent davantage leur fondement dans la crise d'autorité de mai 68 et dans le courant anarchiste qu'elle révèle que dans la doctrine centralisatrice des pays soviétiques.

Cependant, si les projets du pouvoir actuel tendent à la remise en cause de l'organisation hiérarchique de la société, les procédés choisis pour parvenir à ces objectifs sont, en tous points analogues à ceux des pays de l'Est. Le quadrillage de la société par des « conseils » de travailleurs, prévu dans le Projet socialiste et dans le programme de M. Mitterrand, représente, à l'évidence, une application de la technique bien connue de la « soviétisation » de la société. C'est là que réside le danger. Si la doctrine des socialistes français est anarchiste et négative, en ce sens qu'elle combat toute hiérarchie, l'application projetée de cette doctrine risque de conduire à un résultat plus positif : le totalitarisme de type soviétique. Quadrillée par les « soviets » de travailleurs prévus par le programme de M. Mitterrand, la société libérale va se trouver, à tous les niveaux, entre les mains des partis ouvriers qui exerceront leur emprise sur ces conseils[13]. Cette situation dangereuse pour les membres de la classe moyenne, constituera une véritable menace pour la liberté

---

11. « Le Projet Socialiste » op, cit., page 35.
12. « Le Projet Socialiste » op, cit., page 36.
13. La parti communiste risque de retrouver, grâce à cette technique, le pouvoir exclusif que lui refuse les urnes. Il en est d'ailleurs conscient et procède au quadrillage systématique, par l'intermédiaire du syndicalisme, des entreprises et des Universités.

des français. La liberté ne pourra plus être protégée dès lors qu'une décentralisation poussée aura pour effet de conférer à des organes syndico-politiques des pouvoirs importants[14].

Le pessimisme de ces considérations ne revêt pas un aspect hypothétique : il se trouve, hélas, conforté par la réalité (mesures législatives déjà prises par le gouvernement et projets en voie d'élaboration).

Section deuxième : La mise en œuvre de l'égalitarisme socio-professionnel

Conformément aux promesses du Président de la République, les 110 propositions sont méthodiquement mises en œuvre par le gouvernement. Or, les propositions n° 60 à 63 et 90 de M. Mitterrand, prévoyant la « démocratisation », visent à l'égalitarisme socio-professionnel, c'est-à-dire à la transformation de la société. Le parti socialiste ne l'a jamais caché : « Tout changement profond de la société passe par la réorganisation de l'entreprise, le changement des rapports de force en son sein »[15]. En réalité, la conception socialiste doit être envisagée extensivement, au-delà du seul domaine économique. Le « Projet Socialiste » de 1980 comme les 110 propositions projettent aussi une « réorganisation » semblable — et pour les mêmes raisons — de tous les services publics.

Ces projets et propositions ont déjà reçu un commencement d'application, tant dans le secteur public que le secteur privé.

§ 1. La mise en œuvre dans le secteur public

Le programme du Président de la République s'est inspiré du « Projet Socialiste » de 1980. Celui-ci prévoyait que le sec-

---

14. Déjà ce phénomène est évident dans les grandes entreprises où la liberté du travail ne peut plus être assurée. Dès lors qu'un syndicat puissant a donné l'ordre de grève, tous les ouvriers sont tenus de le respecter sous peines de subir des violences. Un groupe organisé peut imposer sa loi. A fortiori en sera-t-il de même si l'Etat renforce les pouvoirs de ce groupe.

15. « Le Projet Socialiste », op. cit., page 65.

teur public constituerait une sorte de secteur pilote pour la mise en œuvre de « l'autogestion » de la société. Aussi n'est-il pas étonnant que les textes les plus révolutionnaires aient été adoptés ou proposés dans ce secteur.

C'est surtout dans les domaines de l'enseignement supérieur et de la santé que les techniques socialistes ont été mises à l'épreuve de l'expérience. Un commentaire exhaustif des textes qui régissent désormais ces deux domaines dépasserait le cadre du présent ouvrage. Pour illustrer la méthode employée par le pouvoir en vue d'instaurer l'égalitarisme absolu dans le secteur public, nous avons choisi de citer sommairement quelques unes des dispositions les plus significatives de la nouvelle loi relative aux Universités, ainsi que celles d'un décret du 16 septembre 1983 concernant le personnel enseignant de ces établissements. Cette loi et ce décret sont intéressants car ils révèlent manifestement les principales tendances de la doctrine socialiste : l'anarchisme contestataire de toute autorité hiérarchique, la volonté de promouvoir le syndicalisme politique, le nivellement par le bas.

A — Anarchisme et syndicalisme politique

Les Universités n'ont de raison d'être que pour l'enseignement et la recherche qui reposent essentiellement sur le travail et la qualité de leurs enseignants. Ceux-ci sont des cadres supérieurs de la fonction publique, Professeurs ou Maîtres-Assistants, ou des cadres moyens, Assistants ou Chargés de travaux pratiques ou dirigés. Le pouvoir d'organiser les enseignements et la recherche ou la gestion des Universités ainsi que le recrutement, l'affectation et la carrière de leurs pairs devraient donc appartenir aux enseignants. Il conviendrait que ceux-ci disposent des pouvoirs hiérarchiques nécessaires à l'accomplissement de leur fonction.

La loi Savary[16] prend, au contraire, de toutes autres dispositions. Inspirée par l'anarchisme de mai 1968, elle s'emploie à briser toute hiérarchie et à soumettre les enseignants[17] aux

16. Cette loi a été adoptée en troisième lecture par l'Assemblée Nationale, le 20 décembre 1983. V. J.O. débats parlementaires, p.6857 et ss.
17. Dans la loi Savary, le terme de Professeur n'est pas employé. Car cela faisait trop « élitiste ».

décisions de conseils d'administration et de gestion des établissements, composés en majorité d'étudiants, de membres du personnel et de personnalités étrangères à l'Université[18]. Ces conseils, organes suprêmes des établissements d'enseignement supérieur, seront composés de membres élus parmi lesquels les enseignants seront minoritaires. Les étudiants, les balayeurs, les concierges, les jardiniers, les secrétaires, les dactylos et les « personnalités extérieures » nommées par le pouvoir socialocommuniste, feront ainsi la loi dans les Universités.

Ce texte consacre donc la fin de tout pouvoir et de toute prérogative des cadres et leur transfert à des institutions collégiales dominées par le syndicalisme politique[19]. Cette volonté de promouvoir l'influence syndico-politique résulte de plusieurs mesures. Outre la subordination des enseignants aux décisions d'une autorité collégiale dans laquelle ils sont minoritaires, le législateur a prévu des règles précises afin que les universités passent effectivement entre les mains des syndicats ouvriers. Tout d'abord, une proportion considérable de « personnalités extérieures », nommées par le pouvoir entreront de droit dans les conseils d'administration. Cette proportion sera suffisante pour engendrer une majorité socialo-communiste dans la plupart des universités. Ensuite, le législateur avait imposé un mode de scrutin favorable au syndicalisme politique. Il s'agissait du scrutin de liste à la proportionnelle. Avec un tel procédé, la politisation des élections était certaine et les professeurs — poli-

---

18. Article 27 de la loi Savary : « Le conseil d'administration comprend de 30 à 60 membres ainsi répartis :   .
    - de 40 à 45 pour cent de représentants des enseignants-chercheurs, des enseignants et des chercheurs ;
    - de 20 à 30 pour cent de personnalités extérieures ;
    - de 20 à 25 pour cent de représentants d'étudiants ;
    - de 10 à 15 pour cent de représentants des personnels administatifs, techniques, ouvriers et de service.
    .... ».
19. Le caractère anarchiste de la loi Savary est évident. Ainsi le Projet, prévoyait, dans son article 54, que l'appréciation portée sur l'activité de l'enseignant — appréciation ayant une influence sur sa carrière — pouvait résulter « d'informations recueillies... auprès des différentes catégories de personnels ou d'usagers », s'entend donc auprès des étudiants ! La carrière du Professeur aurait donc été conditionnée par les étudiants. Ce texte anarchiste et aberrant avait été adopté en Conseil des Ministres sous la présidence de M. Mitterrand.

tiquement inorganisés — ne pouvaient plus élire un de leur collègue sur ses mérites professionnels. *Toute élection d'un Professeur devait, en effet, passer par son inclusion dans une liste globale composée des enseignants, du personnel et des étudiants.* Seuls, les professeurs « politisés » pouvaient prétendre à figurer dans une telle liste. Aussi le Conseil Constitutionnel, dans une décision du 20 janvier a-t-il déclaré ce mode de scrutin non conforme à la Constitution. Quant à l'influence prévisible des enseignants de grande valeur scientifique qui ne seront pas élus dans les conseils, la loi a prévu à leur égard des mesures de défiance, pour éviter que leur prestige ne porte ombrage au syndicalisme politique ou ne gène ses actions[20]. Il sera désormais interdit aux enseignants de se réunir et d'agir au sein de l'Université en corps et par discipline. Selon la loi, les enseignants sont donc menacés, en tant que professionnels. Seuls, les conseils, aux mains des syndicats politiques, des étudiants et du personnel, auront compétence pour exprimer la voix de l'Université française.

Enfin, s'il est prévu dans la loi que le président du conseil d'administration doit être un enseignant, le rang, le grade ou le niveau de cet enseignant n'est surtout pas précisé. Il en résulte qu'un Assistant pourra diriger un établissement d'enseignement supérieur comportant un nombre considérable d'éminents professeurs, dont il sera, par ailleurs l'étudiant. Nous avons là une parfaite illustration d'un des principes essentiels de la doctrine anarchiste du parti socialiste : il consiste à séparer le grade de la fonction ; celui qui a un grade supérieur peut exercer une fonction inférieure ; celui qui a un grade inférieur doit exercer une fonction supérieure. Pour les militants du parti socialiste, l'attribution d'une fonction à la mesure du grade constitue une démarche élitiste donc inspirée de la Droite bien entendu.

B — Le nivellement par le bas

Le Décret du 16 septembre 1983[21] a choisi d'introduire l'égalitarisme socio-professionnel dans le corps des enseignants des

---

20. C'est dans le corps des Professeurs d'université que résident la quasi-totalité des sommités du monde scientifique français. Ce corps recèle tous nos savants. Il est évident que les hautes personnalités qui le composent ont un tel prestige que celui-ci rayonne sur leur Université. Ce prestige est gênant pour les médiocres syndicalistes.
21. J.O. 17 septembre 1983, p 2815.

Universités, en utilisant la technique du nivellement par le bas.

Ce décret a pris deux sortes de mesures :

— La première consiste à mettre sur pied d'égalité, sur le plan des services, tout le personnel enseignant qu'il s'agisse des professeurs, des maîtres-assistants ou des assistants. En application du décret, le « chef d'établissement »[22] — un syndicaliste probablement — arrête le service des « enseignants », désormais tous égaux, qu'il s'agisse des Professeurs Agrégés des Facultés, des Maîtres-Assistants qui sont Docteurs, ou des Assistants qui sont généralement des étudiants de doctorat.

— La deuxième mesure consiste en une augmentation très sensible des services des enseignants de haut niveau et en une diminution correlative des heures d'enseignement de ceux qui sont au bas de l'échelle. Le nombre d'heures de cours avait été logiquement réduit pour les professeurs, étant donné les charges qui leur incombent et que ne peuvent assumer les Assistants (présidences de thèses, direction de laboratoire ou de recherches). Il est donc à prévoir qu'à l'avenir le travail des premiers sera nettement plus important que celui des seconds.

Ces considérations, bien que limitées au domaine de l'enseignement supérieur, présentent un intérêt certain : les dispositions adoptées en ce domaine préfigurent la société de demain.

§ 2. La mise en œuvre dans le secteur privé

Le Projet Socialiste de 1980 et l'actuel programme du Président de la République prévoient l'instauration de la « démocratie économique » dans toutes les entreprises.

Dans les entreprises publiques, la gestion devrait être « nettement décentralisée »[23], les « travailleurs » ayant la direction et le contrôle effectif de celle-ci par l'intermédiaire d'organes collégiaux élus. Ces mesures seront certainement mises en œuvre car elles figurent dans la proposition n° 62 de M. Mitterrand. S'agissant du secteur public, celles-ci n'intéressent que certains membres de la classe moyenne, les cadres moyens et supérieurs, dont les prérogatives sont ainsi directement menacées.

22.Les termes de Président ou de Doyen, jugés trop prestigieux, sont désormais abandonnés.
23.Proposition n° 62 de M. Mitterrand.

Les projets relatifs au secteur privé revêtent, au contraire, pour cette classe sociale, un caractère fondamental : ce sont non seulement les cadres, mais surtout l'ensemble des petits et moyens patrons du commerce, de l'industrie et de l'agriculture qui sont alors concernés et dont les pouvoirs se trouvent menacés.

La politique socialiste à l'égard des petites et moyennes entreprises a fait l'objet de nombreux développements, notamment dans le Projet Socialiste de 1980. Pour la comprendre, il faut la situer dans le cadre plus général de la politique du parti visant à la substitution définitive d'une société collectiviste à la société libérale. Ce changement de société, selon le Projet de 1980, doit s'éffectuer principalement au moyen d'une modification radicale des rapports de force dans le « domaine privilégié d'application » que constitue le travail dans les entreprises[24]. Nous l'avons vu, « tout changement profond de la société passe par la réorganisation de l'entreprise, le changement des rapports de force en son sein »[25]. «C'est bien évidemment dans le travail, les ateliers et les bureaux que cette mutation sociale doit d'abord s'opérer. La revendication de l'autogestion s'enracine dans la vie des entreprises... C'est dans la production et dans les rapports de production que le socialisme entrera dans les faits »[26].

Pour parvenir à ce résultat, la doctrine du parti socialiste, prévoit que le pouvoir du chef d'entreprise doit passer, pour un bonne part, entre les mains des « travailleurs ».

Les petits et moyens patrons du commerce, de l'industrie et de l'agriculture sont donc directement menacés dans leurs prérogatives. A leur égard, le Projet Socialiste de 1980 prévoit l'adoption de mesures bien précises s'inspirant des considérations suivantes : ils n'est pas possible de nationaliser l'ensemble des moyens de production ; il suffit de nationaliser les grou-

---

24.« L'idéal de l'autogestion serait complètement détourné si son domaine privilégié d'application n'était pas d'abord le travail dans les usines et les bureaux » (p 35 du Projet Socialiste). « Nous ne pouvons pas sous-estimer la portée d'un changement de dimension qui doit faire demain de la démocratie l'affaire des masses et d'abord sur les lieux de travail » (p 37, op. cit.).
25.Projet socialiste, page 65.
26.Projet socialiste, page 43.

pes les plus importants pour posséder une emprise suffisante sur le secteur productif. En conséquence, « les petites et moyennes entreprises privées subsisteront »[27]. Mais, puisque le changement de société exclut le pouvoir personnel du patron, il conviendra d'aménager au sein des petites et moyennes entreprises de nouveaux rapports aboutissant à la création d'organes collégiaux de gestion dominés par les « travailleurs ». Après avoir exprimé des doutes sur les capacités d'initiative des petits et moyens patrons, le Projet Socialiste de 1980 le précise expressément : « L'idéologie dominante fait volontiers l'éloge du risque, de l'initiative et de la responsabilité du chef d'entreprise individuelle. Mais, outre que cette forme d'entreprise occupe aujourd'hui dans la société capitaliste une position subordonnée, nous entendons faire en sorte que ce soient les travailleurs associés qui aient à faire montre collectivement de ces vertus dans un cadre bien évidemment tout différent »[28]. Selon le parti socialiste, ce sont donc bien les « travailleurs » qui, dans les petites et moyennes entreprises devraient à l'avenir « faire montre collectivement » des vertus de l'initiative, dans tous les domaines de la gestion. « Une nouvelle logique économique passe ainsi par des nouveaux rapports de production, c'est-à-dire par la transformation des conditions et plus généralement de l'organisation actuelle du travail, par la mise en œuvre de mécanismes institutionnels et financiers permettant de soustraire le marché du travail au pouvoir arbitraire des chefs d'entreprise, et enfin, par une nouvelle orientation des investissements répondant à un autre modèle de consommation de production »[29].

Encore une fois la doctrine socialiste s'attaque ouvertement à l'idée de hiérarchie qui constitue, pour elle, un « pouvoir arbitraire »[30]. Désormais, les ouvriers ne devraient plus être des subordonnés : le parti socialiste veut « changer à la base les conditions de dépendance qui affectent leur vie quotidienne, leur travail et leur dignité »[31].

27. Projet socialiste, pages 43 et 96.
28. Le Projet Socialiste, pages 43 et 44. V. aussi page 96.
29. Le Projet Socialiste, page 44.
30. Pour les socialistes, tout pouvoir hiérarchique est, soit « arbitraire », soit « despotique », soit même « féodal » (ce dernier épithète étant réservé aux pouvoirs des médecins chefs des services hospitaliers).
31. Le Projet Socialiste, page 66.

Telles sont les principales mesures proposées par le Projet Socialiste de 1980, à l'égard des petites et moyennes entreprises. La proposition n° 60 du programme du Président de la République prévoit l'adoption, durant le septennat, des grandes lignes de la politique socialiste. Cette proposition projette de conférer aux comités d'entreprise — c'est-à-dire aux « travailleurs » — un droit de veto en ce qui concerne « l'embauche, le licenciement, l'organisation du travail, le plan de formation et les nouvelles techniques de production ». *A travers les « nouvelles techniques de production », c'est donc toute la gestion qui se trouve ainsi visée, étant donné que celle-ci dépend essentiellement de celles-là, si l'on veut tenir compte de l'évolution constante et de la complexité croissante des activités économiques modernes.*

Pour l'instant, la loi Auroux n'a pas encore mis en œuvre la proposition n° 60 de M. Mitterrand. Lors des débats relatifs à cette loi cependant, il a été précisé par les pouvoirs publics que d'autres projets suivraient, notamment le projet concernant le droit de veto en cas de licenciement.

Les petits et moyens patrons du commerce, de l'industrie et de l'agriculture sont aujourd'hui directement menacés dans leur pouvoir et dans leur statut professionnel. Sur ce plan, ils demeurent en sursis. A l'avenir, ils ont la certitude de voir la gestion de leurs entreprises ou de leurs exploitations agricoles leur échapper au bénéfice d'un organe collégial dominé par les « travailleurs ». Leur voix, au sein de ces conseils ne pèseront pas plus que celles de leurs ouvriers.

La fin de toute hiérarchie, l'égalitarisme socio-professionnel, tel est donc dans tous les domaines le but de la politique socialo-communiste. Toutefois, dans le domaine des petites et moyennes entreprises, cette politique se singularise par sa subtilité : elle vise purement et simplement à instituer, pour ces entreprises, une forme de nationalisation plus économique pour le budget de l'Etat. *A la nationalisation particulièrement onéreuse de la propriété des entreprises, le pouvoir propose de substituer une nationalisation exempte de tous frais : la nationalisation du pouvoir des entrepreneurs.*

CONCLUSION DE LA DEUXIÈME PARTIE

L'analyse de la situation créée par la victoire électorale des socialistes et des communistes, nous permet de conclure que l'avenir de la classe moyenne se trouve aujourd'hui menacé. Les deux partis qui exercent, à tous les niveaux, les pouvoirs exécutif et législatif, représentent exclusivement la classe ouvrière et n'ont d'autre objectif que de réduire, voire supprimer, les autres catégories sociales. Les actes et les déclarations de leurs dirigeants et de leurs militants révèlent, à l'évidence, que ceux-ci ont la ferme intention de réaliser cet objectif afin d'aboutir à un changement définitif de société. Déjà, les premières mesures prises par le pouvoir socialo-communiste ont gravement porté atteinte, tant à la condition matérielle qu'au statut socio-professionnel des membres de la classe moyenne. Les projets annoncés montrent que la situation de cette catégorie sociale risque de s'aggraver, ou même, d'être purement et simplement remise en cause dans les quelques mois à venir.

Ces conclusions ne procèdent ni d'un pessimisme outrancier, ni d'une exagération partisane. Il est possible que certaines menaces ne se réalisent pas, dans l'immédiat, pour diverses raisons, notamment pour des raisons tenant à la politique électoraliste du parti socialiste, à la veille de l'échéance législative. *Toutefois, le caractère hypothétique de la réalisation prochaine de ces menaces ne doit pas faire oublier la certitude de leur existence.*

En présence d'une telle situation, il faut que tous les membres de la classe moyenne soient désormais conscients de ceci : pour eux, l'indifférence et la passivité ne sont plus de mise ; seule, une action massive et résolue peut encore engendrer l'espoir.

TROISIÈME PARTIE

L'ESPOIR

Bien qu'atteinte dans ses intérêts essentiels, bien que menacée dans son existence-même, la classe moyenne conserve des atouts sur lesquels elle peut fonder de légitimes espoirs. Elle représente la force vive de la nation. Son importance est essentielle. Sa population est sensiblement supérieure à celle de la classe ouvrière de nationalité française. Elle joue un rôle indispensable : l'administration, l'économie, la technologie, le fonctionnement de notre société dépendent exclusivement du travail et des compétences de ses membres. Elle dispose là d'un potentiel qui devrait lui permettre de résister plus efficacement aux agressions du pouvoir actuel. Elle paraît en mesure de préserver ses intérêts vitaux et de maintenir sa propre identité face aux tentatives d'égalitarisme qui visent à son déclin.

Pour qu'il en soit ainsi, encore faut-il que la classe moyenne manifeste clairement et massivement sa détermination. Elle ne peut demeurer plus longtemps dans l'indifférence ou la passivité. Elle doit avant tout prendre conscience d'elle-même : cette nécessité commande toutes les autres et l'action politique en dépend.

CHAPITRE PREMIER

LA NÉCESSITÉ D'UNE PRISE DE CONSCIENCE

Les membres de la classe moyenne n'ont pas le sentiment d'appartenir à une catégorie sociale précise.

Avant 1981, cette attitude n'avait aucune conséquence fâcheuse pour la classe moyenne : un tel comportement ne pouvait que servir l'intérêt de la démocratie comme de la nation. Car l'esprit de classe, que manifeste le pouvoir actuel, est particulièrement dangereux. Il constitue le ferment de la division et conduit inévitablement au totalitarisme.

Cependant, il n'en va plus de même aujourd'hui. Les avantages octroyés aux « travailleurs » et les atteintes portées aux conditions matérielles et socio-professionnelles des membres de la classe moyenne ne résultent plus d'un nécessité nationale et ne procèdent plus du seul intérêt général. Toutes ces mesures se justifient par des considérations de classe. En d'autres termes, si les membres de la classe moyenne sont menacés dans leurs conditions et dans leur statut, ce n'est pas pour des raisons d'ordre économique ou administratif. c'est uniquement parce qu'ils appartiennent à une catégorie sociale dont les revenus et les pouvoirs, selon la doctrine du parti socialiste, doivent être notablement réduits.

Dès l'instant où toute la politique actuelle se fonde essentiellement sur des critères de classe, il devient, impossible d'envisager une quelconque action de résistance ou d'opposition en dehors de ce cadre délibérément imposé par le pouvoir : toute défense ne peut valablement se préparer que par référence à la nature de l'attaque.

Pour aménager une telle défense, les membres de la classe moyenne doivent se déterminer sans complexe et manifester clairement leur appartenance à cette catégorie sociale. A cette fin, chacun d'entre eux doit posséder à la fois le sens des valeurs et la pratique de la solidarité.

Section première : le sens des valeurs

Il est un fait indéniable : depuis ces dernières années, les français semblent avoir perdu le sens le plus élémentaire des valeurs sociales. Sur ce point, le but poursuivi par les contestataires de mai 1968 se trouve manifestement atteint. Notre société demeure ébranlée par la remise en cause des valeurs traditionnelles qui justifient toute son organisation. Ces valeurs sont pourtant essentielles : aucune nation industrialisée ne peut actuellement survivre en les ignorant.

La plupart des membres de la classe moyenne n'ont pas échappé à l'influence anarchiste de ce courant de pensée. C'est une des raisons pour laquelle ils n'ont pas toujours clairement conscience de ce qu'ils sont[1]. Par exemple, il est étrange de constater aujourd'hui que des cadres, des patrons ou des membres des professions libérales, qui ont acquis leur place ou leurs responsabilités par le seul effet de leur travail, de leur intelligence et de leur qualité professionnelle, témoignent dans leur comportement d'un certain complexe de culpabilité. Leur attitude injustifiée constitue, pour notre société libérale, une réelle menace.

Il convient, en conséquence, de les sensibiliser à ce propos par la réaffirmation de certaines vérités premières : les valeurs,

---

1. D'autres raisons justifient aussi ce manque de prise de conscience. Des raisons historiques notamment que nous avons exposées dans l'introduction.

les compétences ou les mérites qu'ils possèdent leur confèrent des droits légitimes et justifient pleinement leur statut. Ces droits et ce statut ne doivent pas être considérés comme des « privilèges », mais comme la juste et nécessaire contrepartie de leurs valeurs, de leurs compétences et de leurs mérites.

D'une façon générale, il leur appartient de défendre, dans le domaine privilégié du travail, toutes leurs prérogatives, car elles procèdent de l'indispensable hiérarchie des activités professionnelles :

— *La hiérarchie des revenus*, tout d'abord, qui constitue le nerf-moteur de l'initiative et de la vertu professionnelles. Il n'est pas normal que le revenu disponible des cadres moyens soit désormais équivalent à celui des ouvriers[2]. Comme il ne serait pas normal que le revenu de ces derniers soit identiques à celui des manœuvres qui n'ont aucune qualification. Nulle civilisation industrielle ne peut véritablement fonctionner sans respecter ce principe essentiel : à chacun selon ses mérites. Les membres de la classe moyenne se doivent donc de défendre, clairement et sans complexe, ce principe et de réclamer le maintien d'un éventail des revenus suffisamment large pour ne pas décourager ces vertus professionnelles que représentent la connaissance, l'initiative, la responsabilité, l'intelligence et le travail.

— *La hiérarchie des pouvoirs*, ensuite, qui constitue le fondement-même de l'organisation sociale et la condition première de son efficacité. Il n'est pas normal que nos cadres soient désormais subordonnés à des conseils de « travailleurs » et « d'usagers », chargés de gérer nos principaux services publics[3]. Il ne serait pas normal que les petits et moyens patrons du commerce, de l'industrie et de l'agriculture, soient, à l'avenir, tributaires, ainsi que le prévoit le nouveau pouvoir, de ces « assemblées » composées de « travailleurs » syndicalistes, qui risquent de s'y montrer incompétents ou irresponsables. Nulle société ne peut survivre sans appliquer ce principe fondamental : à chacun selon ses compétences. Les membres

---

2. Ce qui est effectivement le cas, nous l'avons vu, supra chapitre 1, 1er partie.

3. C'est pourtant désormais le cas dans les hopitaux et surtout dans les Universités depuis la loi Savary.

de la classe moyenne ont, par conséquent, le devoir de défendre leurs prérogatives contre les prétentions excessives des partis et des syndicats.

Les principales conditions de la nécessaire prise de conscience de la classe moyenne passent par une affirmation plus évidente de la hiérarchie des valeurs. Elles concernent avant tout le monde du travail, mais, elles ne sauraient se limiter à ce seul domaine. Cette prise de conscience doit aussi toucher le domaine plus vaste des activités sociales et politiques. Or, sur ce plan, on constate que les membres de la classe moyenne ne s'affirment jamais dans le cadre de leur propre appartenance : ils ont une tendance fâcheuse à se situer par rapport à d'autres catégories sociales. Ils épousent ainsi des idées et poursuivent des buts politiques qui ne concernent parfois, ni l'intérêt de leur catégorie sociale, ni celui de la nation tout entière.

C'est le cas lorsqu'ils militent pour le compte de la classe ouvrière qui n'a d'autre objectif que la satisfaction de ses propres intérêts, même s'ils vont à l'encontre de ceux de la France[4]. Il n'est, dès lors, pas raisonnable que certains membres de la classe moyenne s'engagent dans cette voie. Une telle conduite témoigne d'une confusion regrettable dans l'appréciation des valeurs. Il convient d'insister sur un point qui révèle, à l'évidence une inversion dangereuse dans la hiérarchie des valeurs. La doctrine des partis socialiste et communiste fait nettement prévaloir la politique sociale sur la politique économique. Nous l'avons vu, cette optique originale procèderait, en vertu du « Projet Socialiste » et selon M. Mauroy lui-même, d'une « autre logique », c'est-à-dire, en fait, de la logique de classe[5]. En effet, lorsqu'on parle de politique sociale, on envisage l'intérêt exclusif et particulier des « travailleurs » : celui-ci doit l'emporter sur « l'économique », c'est-à-dire l'intérêt général de la France et des français. Les résultats de la politi-

4. C'est d'ailleurs l'esprit de l'internationale ouvrière qui tend à faire passer au second plan les Etats, pour faire prévaloir les intérêts d'une classe sociale.

5. Dans une émission télévisée du 11 Novembre 1983, M. Mauroy a précisé que certaines mesures sociales doivent prévaloir quels qu'en soient les effets économiques. Il a fait appel à « l'autre logique » qui exclut le « langage d'un économiste ».

que conduite depuis mai 1981 illustrent à l'évidence, ce point de vue. L'augmentation brutale du salaire ouvrier et des congés payés, la diminution des heures de travail, tout cela a soudainement plongé la France dans une situation économique catastrophique[6] dont les travailleurs eux-mêmes — par un effet prévisible de « boomerang » — n'ont pas fini de pâtir. L'intérêt général de notre pays a été délibérément sacrifié à la satisfaction d'un intérêt particulier, celui de la classe ouvrière : c'est là que se situe l'inversion condamnable des valeurs essentielles. L'intérêt primordial, il convient de le rappeler, doit être avant tout celui de la France. Il n'y a pas « d'autre logique » que celle-là : préserver et promouvoir son économie prévalent nécessairement sur les impatiences d'une catégorie sociale. Il faut que les membres de la classe moyenne, fidèles à la tradition républicaine, soient désormais conscients de cette indispensable hiérarchie des valeurs sur laquelle repose le destin de notre pays !

Section deuxième : la pratique de la solidarité

N'ayant pas toujours une « conscience de classe », les membres de la classe moyenne ne se sentent pas solidaires de ceux qui exercent des professions différentes de la leur ou qui se situent à d'autres niveaux de la hiérarchie. Les cadres des secteurs public et privé, salariés, ne sont pas enclins à la solidarité envers ceux dont la profession est indépendante. Selon eux, par exemple, les membres des professions libérales ne déclareraient qu'une partie seulement de leurs revenus, ce qui leur attribuerait ainsi, par rapport aux salariés, de sérieux avantages fiscaux. Quant aux industriels et aux commerçants, les cadres les accusent d'avoir un esprit de lucre excessif et de procéder à des augmentations abusives des marges bénéficiaires. A l'inverse, pour ceux qui exercent des professions indépendantes, les cadres

---

6. Endettement, dévaluation, déséquilibre de la balance commerciale, difficultés pour les entreprises... Malgré ces résultats économiques, le pouvoir est très fier de sa politique et ne parle que des « acquis » du « changement ».

du secteur public constitueraient des sortes de parasites sociaux, n'accomplissant qu'un travail dérisoire, disposant souvent de congés importants et bénéficiant, en toutes circonstances, de l'irresponsabilité et de la stabilité que leur confère le statut de fonctionnaire. L'on pourrait citer d'autres exemples de ces critiques qui se fondent sur des lieux communs que tout le monde invoque à tout propos, mais qui s'avèrent, en fait, totalement inexacts. Ce qui rend de telles critiques encore plus regrettables.

Les membres d'une même branche d'activité ne s'entendent pas toujours selon le niveau hiérarchique envisagé. Les cadres moyens n'ont pas toujours de sympathie à l'égard des cadres supérieurs dont ils contestent parfois le statut qu'ils jugent immérité. Les domaines de l'enseignement et de la médecine offrent, à cet égard, les meilleurs exemples de cette concurrence. Des rivalités artificielles séparent les instituteurs des professeurs de lycée, les non-agrégés des agrégés, les Maîtres-Assistants des Professeur d'Université, les assistants des médecins-chefs, les généralistes des spécialistes... Chaque profession recèle ainsi de semblables tensions internes, qui ne s'apaiseront probablement jamais parce qu'elles sont entrées dans les mœurs.

Ces rivalités ou ces tensions interprofessionnelles ou professionnelles sont aujourd'hui particulièrement dangereuses pour l'avenir de la classe moyenne. Car le gouvernement socialo-communiste qui a pour objectif de réduire les conditions matérielles et sociales de cette classe, utilise systématiquement les antagonismes ou les oppositions pour parvenir à ses fins. Sa démarche et son discours le révèlent à toute occasion, de manière évidente.

La démarche gouvernementale consiste, de préférence, à limiter ses interventions légales à des modifications sectorielles ou ponctuelles des conditions ou des statuts professionnels. Ce sont, tour à tour, tels commerçants, tels cadres ou tels membres des professions libérales qui sont les victimes d'une dégradation de leur situation matérielle ou professionnelle. Les mesures discriminatoires ou vexatoires qui sont prises par le gouvernement, ne portent, à un instant donné, que sur une seule catégorie de profession à la fois. Par exemple, les pharmaciens — et non pas les professions libérales en général — seront soudainement visés par le pouvoir. Puis ce sera le tour, bientôt, des médecins, puis des notaires, puis des avocats... Une telle méthode s'avère particulièrement efficace. Elle présente l'avantage d'isoler, dans leurs protestations, les destinataires de ces mesures préjudicielles, en jouant sur l'absence totale de solidarité interprofessionnelle qui règne au sein de la classe moyenne. A la moindre réaction, pourtant légitime, des victimes de sa politique de classe, le gouvernement peut alors opposer le caractère sectoriel de celle-ci. Le pouvoir a déjà maintes fois dénoncé ces « réactions catégorielles » et ce « corporatisme » de « privilégiés ». Isolées dans ce prétendu « corporatisme », ces victimes n'ont donc aucun moyen de faire entendre leur voix. *Non seulement les autres professions ne manifestent à leur égard aucune solidarité, mais il arrive quelquefois que certaines d'entre elles approuvent ouvertement les mesures gouvernementales qui satisfont à l'occasion les penchants agressifs de leur rivalité.*

Un autre aspect de la démarche gouvernementale consiste à utiliser les tensions qui opposent les membres d'une même profession. Pour réduire les conditions matérielles et sociales ainsi que le prestige d'un corps professionnel, il est évident que le pouvoir doit s'attaquer, en priorité, à ceux qui se situent au sommet de la hiérarchie. Dès lors le gouvernement peut compter sur l'appui de ceux qui se trouvent plus bas. C'est ainsi que les assistants et les maîtres-assistants sont satisfaits des atteintes portées par le gouvernement au statut des professeurs d'Université ou des chefs de services hospitaliers. Les premiers aperçoivent, dans ces mesures de nivellement, un moyen pour eux d'atteindre aisément le nouveau statut des seconds, sans avoir à subir des concours difficiles ou à réaliser des travaux importants. Les lois de M. Savary, relative à l'enseignement supérieur et de M. Hervé, relative à la réforme hospitalière, représentent même, pour certains, la facile revanche de leur médiocrité[7]. Il va de soi que le gouvernement sait invoquer à son profit les divisions qui sévissent à l'intérieur d'une même profession. Les partis socialiste et communiste ont habilement

---

7. M. Raymond Barre, dans son discours sur le Projet Savary, devant l'Assemblée Nationale, s'est d'ailleurs clairement aperçu de cela. Ce Projet est l'œuvre de médiocres universitaires ayant adopté pour la circonstance, une « prose de pion ».

attisé ces divisions en présentant leurs premières mesures de « soviétisation » du secteur public comme destinées à réduire les pouvoirs prétendument despotiques des « mandarins » universitaires et à mettre un terme à la « féodalité » des médecins chefs de service[8]. Ces grands mots, bien que vides de sens, ont toujours, un effet, hélas, convaincant sur ceux qui se trouvent au bas de l'échelle.

Ces constatations révèlent que la classe moyenne est donc divisée et ne possède aucune pratique de la solidarité. Une pareille situation accentue la menace qui pèse aujourd'hui sur cette catégorie sociale. Aussi paraît-il nécessaire que chacun de ses membres en prenne désormais conscience : toute atteinte portée par le gouvernement aux conditions ou au statut d'une quelconque profession concerne aussi les autres professions. Elle constitue, en réalité, une étape vers l'accomplissement d'un objectif précis : la paupérisation de la classe moyenne et son inclusion dans la masse confuse des « travailleurs ». Le changement de société, voulu par les partis socialiste et communiste, ne peut, en effet, se réaliser sans un déclin profond de la situation professionnelle de la classe moyenne. *L'importance du niveau de vie comme les prérogatives de cette classe sociale, lui confèrent une solide indépendance, un esprit libéral et une puissance susceptibles de faire obstacle à l'instauration d'une société collectiviste et égalitariste.* Seule une remise en cause progressive de la situation professionnelle des membres de la classe moyenne semble de nature à permettre, par la suite, un tel bouleversement social[9].

Il convient aussi que chacun de ses membres se rende compte que les mesures actuellement prises à l'encontre de la hiérarchie de tel ou tel corps professionnel intéressent l'ensemble de ceux qui appartiennent à ce corps. Cette atteinte procède de la même politique et poursuit le même objectif : supprimer les relais et les intermédiaires susceptibles de gêner l'emprise des

---

8. Le terme de « féodalité » peut *a priori* paraître ridicule. C'est pourtant ce terme qui est employé par le « Projet Socialiste » de 1980 pour qualifier le pouvoir des médecins chefs de services hospitaliers. (op. cit., page 87).

9. Cela est logique. Une catégorie sociale doit être attaquée dans ce qu'elle a d'essentiel. Pour la classe bourgeoise, il s'agit du capital ; pour la classe moyenne, il s'agit, nous l'avons vu, de la situation professionnelle qui constitue le critère fondamental de cette catégorie sociale.

syndicats et des partis politiques ouvriers. Pour cela, il faut s'attaquer à la structure hiérarchique de la profession : une profession décapitée n'a plus d'identité ni de prestige ; son particularisme, sa force, son unité sont définitivement atteints. Elle n'offre désormais plus aucune perspective de carrière pour ceux qui l'ont choisie.

Voilà pourquoi nous insistons particulièrement sur cette nécessaire prise de conscience : les dispositions adoptées par le pouvoir socialo-communiste ne sont pas, comme il le prétend, de simple mesures catégorielles ayant pour but de corriger certains abus ou d'abolir certains privilèges anachroniques ou certains pouvoirs exorbitants. Ces dispositions éparses révèlent, en vérité, la conduite d'une politique cohérente qui vise la classe moyenne tout entière. *Pour réduire ou pour affaiblir une catégorie sociale, il est nécessaire de l'atteindre dans ce qu'elle a d'essentiel. C'est donc sur le plan professionnel que doit se situer avant tout l'action gouvernementale, car, nous l'avons vu, la profession constitue, pour la classe moyenne, un critère fondamental.* Son identité, fondée sur le travail et sur la compétence de ses membres, ne résulte que de la profession. En agissant principalement dans ce domaine, le pouvoir a la certitude de « supprimer », à plus ou moins long terme, la classe moyenne en tant que catégorie sociale spécifique. Seule une action interprofessionnelle et solidaire de ses membres peut faire obstacle à cet inévitable déclin.

La pratique d'une telle solidarité risque d'ailleurs d'être favorisée par le fait que socialistes et communistes n'ont pas l'intention de limiter leurs action au seul domaine professionnel mais conduisent et projettent une politique plus globale à l'encontre des intérêts de la classe moyenne. C'est là que réside l'espoir. Les récentes et fréquentes augmentations d'impôts, la menace imminente d'une réforme de la fiscalité et des prélèvements sociaux qui constitue l'un des objectifs majeurs du programme socialiste, tout cela contribue et va contribuer davantage à l'unité et à la solidarité de la classe moyenne. Celle-ci représente l'unique destinataire et l'unique victime de ces nouvelles mesures que le gouvernement qualifie de « justice sociale ». Nous pensons paradoxalement qu'une telle politique est désormais porteuse d'espérance : il est certain que les membres de la classe moyenne, solidaires dans le déclin, ne pourront qu'être solidaires dans l'action.

CHAPITRE DEUXIÈME

LA NÉCESSITÉ D'UNE ACTION POLITIQUE

Alarmée par la perspective de son déclin, et face au nouveau pouvoir qui la menace et qui l'affaiblit, la classe moyenne se doit aujourd'hui de réagir avec force et dans l'unité. Mais réagir c'est agir et avant tout sur le plan politique. Or, il faut le reconnaître, la classe moyenne n'est pas en mesure de répondre aux menaces dont elle fait actuellement l'objet. Elle ne dispose, en effet, d'aucun représentant politique, ayant mandat d'exprimer ses vues, de poursuivre ses objectifs ou de défendre ses intérêts. Sa défense n'est assurée que sur le plan syndical, d'ailleurs de manière sectorielle — et non pas globale — en fonction des diverses catégories socio-professionnelles qui la composent. La classe moyenne se cantonne, par conséquent, dans une relative passivité qui présente, pour elle, certains risques.

Il est nécessaire qu'elle acquière désormais la pleine maîtrise de son destin, qu'elle parle en son nom et qu'elle conduise, dans son intérêt comme dans celui de la nation, l'action politique qu'elle seule aura délibérément choisi d'entreprendre.

Section première : Les risques de la passivité

A l'heure actuelle, les membres de la classe moyenne ne sont effectivement représentés que sur le plan syndical. Sur le plan politique, ils n'ont aucun moyen de s'exprimer. Ils disposent seulement, comme tous les citoyens, du droit de sanctionner, dans l'intermittence et l'anonymat de leurs suffrages, ceux qui gouvernent et qui régissent ainsi leur destin.

Cette situation, qui les prive de toute initiative, présente un certain nombre d'inconvénients. Elle a notamment pour effet de faire obstacle à l'unité par le maintien du cloisonnement ou des divisions qui séparent ou opposent les diverses catégories socio-professionnelles. Elle a, de surcroît, pour résultat de maintenir aussi l'équivoque politique dans laquelle se trouvent les membres de la classe moyenne, équivoque savamment entretenue par le pouvoir socialo-communiste.

§ 1. Le maintien de la division

L'action syndicale est absolument indispensable. Elle permet d'opposer au gouvernement certaines limites circonstancielles à ne pas dépasser. Elle représente, en quelque sorte, l'ultime garde-fou de la politique actuelle.

Cependant cette action, telle qu'elle est aujourd'hui réalisée, ne nous paraît pas suffisante pour affirmer l'unité de la classe moyenne. Dans la mesure où elle demeure catégorielle — et comment pourrait-il d'ailleurs en être autrement ? — elle a pour effet de cristalliser des cloisonnements ou des divisions socio-professionnelles qui s'avèrent, sur le plan politique, totalement inopportunes, pour ne pas dire dépassées. Ce sont, tour à tour, les cadres, les membres des professions libérales, les petits et moyens industriels ou commerçants, les exploitants agricoles, qui protestent et parfois, descendent dans la rue. Mais l'action restant toujours catégorielle le pouvoir peut alors dénoncer, à son profit, le « corporatisme » ou le « poujadisme » de ces mouvements sectoriels.

D'autre part, le rôle des syndicats — à l'exception toutefois des syndicats politiques ouvriers — présente toujours un certain caractère passif. Ce n'est pas, en effet, le syndicalisme qui régit la profession qu'il représente ni qui résout les problèmes qui concernent celle-ci. C'est le pouvoir politique qui a , seul, le mandat de le faire et qui en possède, seul, les moyens effectifs. Les syndicats, quant à eux, ne peuvent qu'orienter, dans une certaine mesure, l'action de ce pouvoir, ou faire obstacle, dans certaines circonstances conflictuelles, à l'exercice de celui-ci. Leur rôle se limite donc, soit en la formulation de revendications, d'avis ou de conseils, soit en la manifestation d'une hostilité de circonstance ou de principe. Ils n'agissent pas directement sur la conduite des affaires qui conditionnent le devenir ou l'intérêt professionnels. Voilà pourquoi nous considérons que ce rôle relativement passif, n'est pas suffisant pour résoudre les problèmes qui intéressent la classe moyenne tout entière et, par delà, toute la nation. Leur résolution suppose une action générale, permanente et positive et non pas de simples réactions sectorielles, intermittentes et négatives.

Maintenir le statu-quo présente donc de graves inconvénients. Tant qu'il n'existera pas d'institutions ou de personnes politiques habilitées à représenter la classe moyenne dans son ensemble, les cloisonnements ou les divisions socio-professionnelles de cette catégorie sociale risquent de prévaloir dans l'action. Pour parvenir à la nécessaire unité de classe, cette action syndicale doit, par conséquent, participer elle-même à la réalisation d'une action politique globale. Contrairement aux affirmations selon lesquelles ces deux types d'actions doivent être distinctes, il paraît indispensable, en effet, qu'elles se complètent ou se coordonnent dans les mêmes objectifs et par les mêmes hommes[1]. La conjugaison des actions syndicales et politiques paraît, seule, de nature à mettre un terme à l'équivoque entretenue par le pouvoir socialo-communiste.

---

1. La coordination des actions syndicale et politique est ouvertement pratiquée par les socialo-communistes. Les leaders syndicaux sont presque tous membres des deux grands partis de « Gauche » et agissent selon les directives de ces partis.

§ 2. Le maintien de l'équivoque.

Dépourvus de représentation politique, les membres de la classe moyenne doivent, par conséquent, se déterminer en fonction du canevas politique actuel. Ce canevas s'inspire de l'histoire et son archaïsme deux fois centenaire le rend doublement équivoque. En France, il est, en effet, difficile de se faire une idée raisonnable de la tendance politique des formations partisanes. Il est encore plus subtil de percevoir les objectifs effectivement poursuivis par le pouvoir. Telle est la double équivoque à laquelle, à défaut de représentation politique de la classe moyenne, tout électeur de celle-ci se trouve constamment confronté.

A — L'équivoque relative à la tendance politique

Il s'agit là de la fameuse équivoque « Gauche-Droite ». Historiquement, la Gauche a représenté le Tiers Etat face à la Noblesse de l'Ancien Régime ; puis le Travail face au Capital. Aujourd'hui la classe bourgeoise s'est considérablement réduite. Elle est même en voie de disparition car, en France, nous sommes déjà parvenus dans un capitalisme monopolistique d'Etat. Il en résulte que les diverses tendances politiques qui opposent deux moitiés de la nation, ne sauraient valablement entrer dans un quelconque antagonisme « Gauche-Droite » ou « Capital-Travail », puisque celui-ci correspond à des réalités d'autrefois, actuellement dépassées, dont l'origine se situe dans le contexte du 19e siècle. Cette classification n'a donc plus désormais aucun sens. Mais l'équivoque, à son égard, est maintenue par certains partis politiques ; avec autant plus d'ardeur que, traditionnellement, le terme de « Gauche » évoque des idées généreuses et progressistes auxquelles la quasi-totalité des citoyens, issus de milieux modestes, sont généralement attachés.

Le caractère archaïque et puéril du schéma politique français apparaît, lorsqu'on relève les contradictions permanentes qu'il recouvre. Pour illustrer nos propos, nous ne citerons que quelques exemples :

— le gouvernement, par l'effet conjugué de ses propres erreurs et de la crise mondiale, est contraint de pratiquer l'austérité à l'encontre de l'intérêt des « travailleurs » : Gauche !

Le gouvernement de M. Barre se montrait à leur égard moins rigoureux : Droite !

— L'actuel gouvernement a supprimé certaines prestations qui étaient précédemment attribuées aux chômeurs : Gauche ! L'ancien gouvernement avait instauré toutes ces prestations : Droite !

— Les employés de l'E.D.F. défendent, avec juste raison, les avantages acquis par leur profession : Gauche ! Les cadres et les membres des professions libérales voudraient aussi conserver les leurs : Droite !

— La nouvelle intervention française au Tchad : Gauche ! Les anciennes interventions : Droite !

— M. Mitterrand maintient la force nucléaire de dissuasion : Gauche ! De Gaulle l'avait conçue, voulue, organisée : Droite !

Les français ont désormais pris l'habitude de qualifier toute action, en tous domaines et quelle qu'elle soit, d'action de « Gauche » ou d'action de « Droite ». Le résultat d'un tel étiquetage est particulièrement difficile à saisir et les étrangers qui essaient de se pencher sur les problèmes politiques de notre pays, commencent à douter de la raison cartésienne ! Les membres de la classe moyenne, dans la mesure où ils ne disposent pas eux-mêmes d'une représentation politique, sont contraints de se plier à ces fantaisies de langages qui relèvent purement et simplement de la confusion mentale, ce qui a naturellement pour effet de les induire en erreur, à tel point, qu'un grand nombre d'entre eux ont voté lors des élections de 1981, pour des formations politiques ayant précisément pour objectif, de réduire, puis de « supprimer » leur propre catégorie sociale !

Il est évident que l'apparition de la classe moyenne sur la scène politique française serait, seule, de nature à mettre un terme à l'équivoque « Gauche-Droite », du moins pour ce qui concerne les membres de cette catégorie sociale. Ceux-ci auraient alors la possibilité d'élire leur propre programme dont les objectifs revêtiraient enfin, pour eux, une signification politique réelle. Il conviendrait que la classe moyenne se détermine à l'avenir, de manière claire et précise, dans le cadre de la seule et véritable alternative politique de notre époque, le choix entre une société marxiste, socialiste ou collectiviste visant à l'égali-

tarisme et fondée sur l'intervention constante et totalitaire de
l'Etat, et une société libérale, républicaine et progressiste, fondée sur la libre entreprise et une répartition équitable des richesses nationales. Ces mots, ont, en effet, une signification politique précise. Ils devraient se substituer à l'opposition ridicule
et dépassée entre une Gauche, une Droite et même un Centre
imaginaires, opposition qui procède de la mystification la plus
grossière.

B — L'équivoque relative à la politique effectivement conduite par le pouvoir

Cette équivoque est savamment entretenue par les socialo-
communistes : Le gouvernement prend toujours la précaution
de ne pas trop en dire et présente toutes les mesures adoptées
à l'encontre de la classe moyenne, soit comme des dispositions
de circonstances et d'austérité, soit comme des dispositions sectorielles et de « justice sociale ».

Pour connaître quelle est la politique effectivement conduite
par le pouvoir à l'égard de la classe moyenne, il faut, nous
l'avons vu, se livrer à des recherches et des analyses que très
peu de personnes ont le temps ou le courage d'entreprendre.
Ce défaut d'information débouche inévitablement sur une nouvelle équivoque. Il arrive que certains membres de la classe
moyenne persistent encore dans leurs illusions à propos du
« socialisme à la française ». Pour eux, le gouvernement n'aurait pas de projet contraire aux intérêts de leur catégorie sociale.
Ils pensent aussi que leur sort pourrait s'améliorer avec la fin
de la crise économique.

Il va de soi que leurs illusions seront grandement confortées
par les actes et les propos du gouvernement, à l'approche des
élections législatives de 1986. Le pouvoir, en effet, se rend
compte que les suffrages de la classe moyenne représentent,
pour lui, une impérieuse nécessité. Il fera donc provisoirement
un effort en faveur de celle-ci. Il est même à prévoir que l'année 1985 sera, pour les membres de cette catégorie sociale, une
bonne année fiscale[2] et que socialistes et communistes chan-

---

2. Des allègements fiscaux sont déjà annoncés d'ailleurs pour 1985. Durant
   toute l'année précédant les élections législatives, le thème officiel du pouvoir sera « la fin de l'austérité ». Ce thème est déjà programmé.

teront, durant la campagne électorale, les louanges des cadres, des petits et moyens commerçants, des membres des professions libérales, des PME, des agriculteurs... Peut-être reviendront-ils même sur certaines mesures excessives prises à l'encontre de ceux-ci. Il sera probablement question, encore une fois, du « même combat », avec la classe ouvrière et la « Gauche », contre le capital et la « Droite ».

Nous voyons ainsi, qu'à défaut d'une représentation politique de la classe moyenne, l'équivoque risque d'être maintenue par le pouvoir et que les membres de cette classe pourraient être, une nouvelle fois, soumis à des tentations suicidaires. Il est, par conséquent, indispensable d'éviter une telle méprise. Il ne faut pas que les membres de la classe moyenne commettent une semblable erreur, en prenant hardiment ce pari stupide sur leur propre avenir : voter pour ceux qui ont délibérément projeté de les perdre. Il convient donc que la classe moyenne présente une structure et un programme politique de nature à rassembler tous ses membres et prenne ainsi conscience des intérêts de l'action.

Section deuxième : les intérêts de l'action.

Une action politique de la classe moyenne présenterait, pour elle, comme pour la nation, un certain nombre d'intérêts. Elle aurait notamment pour effet d'affirmer la réalité socio-politique de cette catégorie sociale et d'en consacrer l'unité. Elle aurait, d'autre part, l'avantage de permettre aussi l'expression collective de sa propre volonté. Jamais, la classe moyenne n'a eu la possibilité — comme le fait constamment la classe ouvrière — de s'exprimer en son nom, d'émettre ses idées politiques ou d'exposer ses vues sur la conduite des affaires de l'Etat. Enfin, l'existence d'une institution politique représentative de la classe moyenne pourrait aussi favoriser, au-delà de toute classification sociologique, l'accueil et la confrontation des diverses tendances compatibles avec les principes essentiels sur lesquels seraient fondées son existence et son action.

§ 1. L'affirmation de l'unité

Certains pensent que la classe moyenne n'est pas unitaire et qu'il existe, en réalité, un agrégat inconstitué de catégories socio-professionnelles, parfois rivales et toujours désunies. Cette impression résulte de l'insuffisance des moyens d'action. Nous l'avons vu, le morcellement des représentations syndicales et le caractère sectoriel de leurs réactions, confortent l'idée d'une grande division socio-professionnelles, voire d'un cloisonnement rigoureux, opposant différentes classes moyennes, distinctes dans leurs intérêts comme dans leur identité respective. Dans ce contexte, rien ne permet, en effet, le rassemblement de ces diverses catégories, ni, par le fait-même, l'affirmation d'une réalité commune.

Voilà pourquoi l'édification d'une institution politique commune est, seule, de nature à révéler cette réalité qui ne fait aucun doute, mais dont la plupart des intéressés n'ont pas encore conscience. La classe ouvrière, ne l'oublions pas, s'est affirmée dans la lutte. Rien ne prédisposait ses membres à se confondre dans un ensemble politique cohérent. Pourtant, après plus d'un siècle d'efforts, cette classe sociale y est parvenue. Cet exemple devrait encourager l'action de la classe moyenne, divisée, utilisée, manipulée, menacée par le pouvoir actuel[3]. Celle-ci doit enfin s'affirmer, comme le fit autrefois la classe ouvrière et pour les mêmes raisons. Les mêmes causes engendrent toujours les mêmes effets.

§ 2. L'expression de la volonté

L'action politique de la classe moyenne doit être fondée sur la défense de principes essentiels qui conditionnent l'existence-même de cette catégorie sociale et qui garantissent aussi l'intérêt de la nation tout entière. Il est nécessaire que ces principes intangibles soient inscrits dans les statuts d'une institution représentative ayant pour objet de les défendre et de les imposer :

---

3. L'exemple de la classe ouvrière doit encourager la classe moyenne mais non l'inspirer. Car l'exemple d'une politique de classe n'est certainement pas celui que l'on doit suivre.

— *Premier principe : la primauté de l'intérêt national
sur l'intérêt de classe*

Actuellement, la politique française est dominée par un nouveau principe dont la mise en œuvre conduit la nation vers un
déclin sans précédent : celui de la primauté des intérêts particuliers de la classe ouvrière sur les intérêts généraux de la France
et des français. Le « social », c'est-à-dire l'intérêt particulier
de la classe ouvrière, doit l'emporter sur « l'Economique »,
en vertu « d'une autre logique », qui n'est autre, en fait, que
la logique de classe[4].

Il va de soi que la constitution souhaitable d'une institution
politique représentative de la classe moyenne, ne saurait, sous
aucun prétexte et en vertu d'aucune « autre logique », se justifier de la sorte. L'édification d'une telle institution ne doit
pas avoir pour but la satisfaction des intérêts de la classe
moyenne mais doit poursuivre un seul objectif : l'intérêt de la
France et des français. S'il est aujourd'hui nécessaire de réaliser le vaste rassemblement de tous les membres de la classe
moyenne, ce n'est pas dans la seule optique de la sauvegarde
de leur condition ou de leur statut ; c'est parce qu'il paraît évident que, seul, ce rassemblement peut éviter la destruction systématique de nos structures sociales traditionnelles qui constituent la source essentielles de notre prospérité comme la garantie
de nos libertés. C'est parce qu'il apparaît aussi que le déclin
de cette classe engendrerait inévitablement le déclin de la nation
tout entière, qu'il convient d'organiser, face au pouvoir mena-
çant, la défense d'une catégorie sociale indispensable à notre
pays.

Voilà les raisons pour lesquelles il convient d'engager une
action politique au nom de la classe moyenne. Ces raisons ne
sont pas des raisons égoïstes : les membres de la classe moyenne
n'accepterons jamais que figurent dans les statuts d'une institution politique des objectifs partisans ou égoïstes visant à la
satisfaction d'un intérêt de classe. Un parti qui se respecte ne

4. Le « Projet Socialiste » emploie plusieurs fois la formule « autre logique ». Les dirigeants socialistes aussi l'ont souvent employée, notamment
   M. Mauroy qui a précisé que cette « autre logique » pouvait aller à l'encontre du raisonnement économique. Selon lui, le « social » doit l'emporter sur les intérêts de l'économie nationale.

saurait envisager et poursuivre d'autre but que l'intérêt de la France et des Français.

— Deuxième principe : le maintien du libéralisme

Le pouvoir veut nous entraîner dans l'aventure socialiste : un changement radical de société, de la société libérale à la société socialiste.

La fin de la société libérale, c'est la disparition de toute initiative et de toute indépendance individuelles, la fin, à plus ou moins long terme, de toutes les professions indépendantes, la fin des exploitations agricoles individuelles, la fin des professions libérales, la fin des pouvoirs des petits et moyens patrons du commerce et de l'industrie. Ce qui équivaut à l'anéantissement définitif de la classe moyenne, en tant que catégorie sociale spécifique. Un tel bouleversement, même progressif, plongerait inévitablement notre économie dans le déclin. Nous prendrions, petit à petit, le triste chemin des démocraties populaires de l'Europe de l'Est.

Quant à l'instauration du socialisme, cela signifie nécessairement la fin de nos libertés essentielles, telles que la liberté du commerce, la liberté de l'enseignement[5], la liberté de presse[6]... Cela signifie le contrôle et l'immixtion constante, dans la conduite de l'économie, d'assemblées toutes puissantes de « travailleurs » et d'immigrés[7], l'embrigadement de la jeunesse dans une « laïcité » politique[8], la surveillance et la méfiance généralisée[9]...

---

5. Déjà le gouvernement actuel projette de supprimer l'enseignement libre (V, la loi de M. Savary).
6. Déjà le gouvernement projette de réduire la liberté de la presse (V, le projet de loi sur la presse). D'ailleurs si le socialisme est définitivement instauré, le problème de la liberté de la presse est résolu : aucune entreprise privée n'étant admissible, il n'y a plus de presse privée. Seule, la presse d'Etat vante les mérites du socialisme.
7. Déjà le gouvernement actuel a instauré des sortes de « soviets » dans les Universités notamment. Déjà il projette la soviétisation des entreprises car cela fait partie de son programme.
8. Déjà certains ouvrages « d'éveil » faisant partie des documents de travail imposés à nos enfants, constituent des sortes de « cathéchismes » socialistes.
9. Déjà le gouvernement avait prévu des pouvoirs de perquisition pour le fisc. Le conseil constitutionnel n'a pas admis cela.

Il va de soi qu'une telle société socialiste est incompatible avec les intérêts de la nation tout entière. Le libéralisme républicain devra donc constituer l'un des principes fondamentaux de l'action politique de la classe moyenne.

— *Troisième principe : la poursuite du progrès social*

Le membres de la classe moyenne sont, pour beaucoup, issus de milieux modestes. Un nombre considérable d'entre eux ont été formés dans nos Universités. Dans leur grande majorité, ils sont donc naturellement progressistes.

Cela signifie, pour eux, que la société française ne doit pas se cristalliser mais évoluer, sans cesse, vers le mieux être de tous. Pour parvenir à ce résultat, il convient, par conséquent, que chaque catégorie de français obtienne une part équitable du profit national.

Le progressisme ne saurait être confondu avec l'égalitarisme : les principes égalitaristes des partis socialiste et communiste paraissent, en effet, des plus néfastes pour la nation. Ils paralysent toute initiative, pénalisent la vertu, encouragent l'insouciance, la paresse, la prétention, la jalousie. Ils conduisent nécessairement au déclin de l'économie et à l'aggravation des tensions sociales.

Le progressisme, au contraire, est plus juste et plus équitable : il tient raisonnablement compte du travail, de la valeur et des compétences de chacun. Il n'a donc pas pour objet l'unique satisfaction des intérêts d'une classe sociale. *Le progressisme est l'affaire de tous.*

§ 3. *Les structures d'accueil*

Il convient d'édifier les structures d'un mouvement politique représentatif de la classe moyenne, une union pour la défense de la classe moyenne.

Le but de cette union politique en conditionne nécessairement les formes. Il ne peut s'agir que d'une institution politique au service de l'intérêt national et non pas de l'intérêt exclusif d'une seule catégorie sociale. Ses structures doivent donc être suffisamment souples pour accueillir tous ceux qui adhèrent à ses objectifs. Elles ne sauraient se limiter à la seule représentation de catégories socio-professionnelles. Un parti politique national n'est en rien comparable à un syndicat professionnel. Cependant, ceux qui participent à l'action syndicale ne sauraient, pour autant, s'en tenir à l'écart. Bien au contraire. Leur participation paraît, seule, de nature à parfaire la réalisation d'une telle entreprise. Sur ce point, nous devons, d'ores et déjà, prévenir d'éventuelles réticences ou de probables critiques. Un leader de syndicat professionnel ne doit certes pas faire de la politique dans la conduite de ce syndicat, car cela serait contraire aux finalités de l'institution qu'il dirige. Ce leader a toute latitude, en dehors de son syndicat et sans se prévaloir de sa fonction syndicale, pour accomplir, par ailleurs, une œuvre politique. Cette dualité d'actions est constamment pratiquée dans les partis et les syndicats ouvriers, c'est-à-dire dans les partis socialiste et communiste, ainsi que dans la C.G.T. et la C.F.D.T. Les statuts du parti socialiste, nous l'avons vu, imposent aux adhérents la participation à la vie syndicale afin probablement de procéder au « noyautage » du secteur professionnel. D'autre part, les leaders de la C.G.T. sont presque tous des membres éminents du parti communiste et la C.F.D.T. recèle un grand nombre de membres du parti socialiste. Toutes ces personnes exercent donc une double action : syndicale, en tant que leader syndical, politique en tant que membre d'un parti. Et personne, jusqu'à ce jour, n'a formulé de critiques à cet égard. C'est la raison pour laquelle il nous paraît indispensable que tous les leaders des syndicats de la classe moyenne participent activement à la création et à la direction de l'union pour la défense de la classe moyenne. Une telle participation présenterait l'avantage d'unifier, au sein de ce mouvement politique, et dès son édification, l'ensemble des professions et des membres de la classe moyenne.

Il paraît nécessaire de ne pas limiter les participations à de telles représentations socio-professionnelles. Les structures d'accueil de l'union pour la défense de la classe moyenne doivent permettre, à la fois les adhésions directes, et la collaboration, en son sein, de tous les partis politiques qui approuveront expressément les objectifs fondamentaux de cette union et dont le comportement ne serait pas incompatibles avec ses objectifs. La coopération effective de partis politiques éviterait la déviation de l'union pour la défense de la classe moyenne vers la poursuite d'une politique de classe et constituerait ainsi la meilleure garantie de l'orientation nationale de l'action conduite par celle-ci.

TABLE DES MATIÈRES

Composé par Economica, 49, rue Héricart, 75015 PARIS
Imprimé en France. — JOUVE, 18, rue Saint-Denis, 75001 PARIS
N° 13063. Dépôt légal : Juillet 1984